现代女性法则

陈冰华
黄宇莹

著

中国出版集团　现代出版社

图书在版编目(CIP)数据

现代女性法则 / 黄宇莹，陈冰华著. — 北京：现代出版社，2023.3

ISBN 978-7-5231-0238-1

Ⅰ.①现… Ⅱ.①黄… ②陈… Ⅲ.①女性–法律–中国–问题解答 Ⅳ.①D920.5

中国国家版本馆CIP数据核字（2023）第045264号

现代女性法则

著　　者	黄宇莹　陈冰华
责任编辑	袁　涛
出版发行	现代出版社
地　　址	北京安定门外安华里504号通
邮政编码	100011
电　　话	010-64267325　010-64245264（兼传真）
印　　刷	北京建宏印刷有限公司
开　　本	880毫米×1230毫米 1/32
印　　张	7.75
字　　数	160千字
版　　次	2023年3月第1版　2023年3月第1次印刷
书　　号	ISBN 978-7-5231-0238-1
定　　价	59.80元

版权所有，翻版必究；未经许可，不得转载

目 录

婚 姻 篇

一、婚前 ·················· 3

  1. 婚前协议有必要签吗？ ·············· 3

  2. 婚前一起买的房，不结婚了怎么办？ ·········· 4

  3. 同居分手后财产怎么处理？ ············ 5

二、婚后 ·················· 6

  4. 夫妻可以约定婚内财产的归属吗？ ·········· 6

  5. 父母有重病，配偶不愿意出钱治，怎么办？ ········ 7

  6. 法律如何认定夫妻共同财产？ ············ 9

  7. 夫妻一方的婚内个人债务如何认定？ ·········· 10

  8. 夫或妻一方擅自送给他人一套房屋，另一方该怎么办？ ·············· 12

  9. 内地人员在港澳地区办理注册的婚姻缔结手续，有效吗？ ············· 14

  10. 事实婚姻的生效时间以什么为准？ ·········· 16

三、离婚 ·· 19

11. 离婚冷静期是怎么一回事？ ·················· 19
12. 哪些情形法院应当准予双方离婚？ ············ 22
13. 夫妻长期分居可以自动离婚吗？ ·············· 25
14. 什么情况下，男方不得提出离婚？ ············ 27
15. 离婚要返还彩礼吗？ ························ 28
16. 离婚时，可以要求对方赔偿吗？ ·············· 30
17. 什么情况下离婚可以要求对方不分或少分财产？ ···································· 32
18. 离婚时，可以把房子赠与孩子吗？ ············ 34
19. 房子登记在未成年子女名下，父母离婚时可以分割吗？ ································ 35
20. 涉港澳婚姻可以到内地民政部门办理离婚吗？ ·································· 38
21. 离婚后，发现有财产没有分割的可以重新起诉吗？ ·································· 41
22. 离婚后，我可以给我孩子改姓吗？ ············ 42
23. 离婚后，子女抚养关系可以变更吗？ ·········· 43
24. 离婚后，如何保障对孩子的探望权？ ·········· 45
25. 离婚后，村屋的拆迁款还有我的份吗？ ········ 46
26. 离婚后孩子随对方生活，我对孩子还有监护权吗？ ································ 48

家事篇

1. 非婚生子女可以要求父母支付抚养费吗？ …… 53
2. 非婚生子女可以继承父母的遗产吗？ …… 55
3. 什么情况下成年子女可以向父母要求支付抚养费？ …… 56
4. 子女的抚养费到底怎么计算？ …… 57
5. 什么情况下子女可以要求增加抚养费？ …… 60
6. 继子女对继父母负有赡养义务吗？享有继承权吗？ …… 61
7. 养子女对养父母、亲生父母负有赡养义务吗？享有继承权吗？ …… 63
8. 爷爷奶奶有法定的探望权吗？ …… 66
9. 法定继承人有顺序之分吗？ …… 68
10. 什么情况下法定继承人可以多分遗产？ …… 71
11. 遗嘱继承与遗赠主要有什么区别？ …… 74
12. 继承父母房子属于夫妻共同财产吗？ …… 77
13. 继承人会丧失继承权吗？ …… 79
14. 丧偶儿媳、女婿可以继承公婆、岳父母的遗产吗？ …… 81
15. 法律对侄甥的继承权是如何规定的？ …… 82
16. 单身女性可以收养孩子吗？ …… 85
17. 未婚生子，孩子怎么上户口？ …… 86

18. 遗嘱中处分了不属于被继承人的财产，如何处理？ ………… 88
19. 父母立遗嘱需要征得子女的同意吗？ ………… 89
20. 继承了遗产，竟然要承担税费或债务？ ………… 91
21. 父母去世后，谁有义务养孩子？ ………… 94
22. 养老金属于遗产吗？ ………… 95

劳 动 篇

1. 怎么判断应聘的公司靠谱不靠谱？ ………… 99
2. 就业遭受性别歧视，怎么办？ ………… 101
3. "五险一金"到底是什么呢？ ………… 102
4. "不买社保承诺书"可以让用人单位免责吗？ ………… 105
5. 未签订劳动合同的二倍工资，如何计算？ ………… 107
6. 劳动者主动拒绝签订书面劳动合同，用人单位就能免除相关法律责任吗？ ………… 110
7. "试用期劳动合同"是合法的吗？ ………… 112
8. 连续签订两次固定期限劳动合同后，必须签订无固定期限劳动合同吗？ ………… 113
9. 没有签订劳动合同就不存在劳动关系了吗？ ………… 115
10. 用人单位要求劳动者几年内不能结婚生子，合法吗？ ………… 117

11. 用人单位把我调到其他地方工作，我可以拒绝吗？ ………… 118
12. 用人单位有责任防治职场性骚扰吗？ ………… 120
13. 参与公司的股权激励，要注意什么？ ………… 122
14. 竞业禁止是什么？ ………… 124
15. 工伤事故从认定工伤到最终获得工伤赔偿要走哪些法定程序？ ………… 126
16. 怀孕真的是免辞退金牌吗？ ………… 130
17. 我要离职，竟然要赔公司钱？ ………… 134
18. 法定休假日加班，是拿300%还是400%工资？ ………… 136
19. 年假天数少于法定天数，工资按300%还是400%计算？ ………… 138
20. 工资高低对经济补偿的年限有影响吗？ ………… 139
21. 未提前30天通知解除劳动合同就一定按N+1支付补偿吗？ ………… 141
22. 外卖骑手、网络主播与互联网平台公司之间是劳动关系吗？ ………… 143
23. 疫情期间，用人单位如何发工资？ ………… 146
24. 疫情停工期间，员工可以兼职吗？ ………… 148

侵 权 篇

1. 遭遇性侵，该怎么办？ ………… 153

2. 孩子在游乐场所摔伤，到底谁负责？ …………… 155

3. 孩子在学校受伤，学校要承担责任吗？ ………… 157

4. 见义勇为负伤，可以让受益人补偿吗？ ………… 160

5. 借车给别人开，你真的想好了吗？ ……………… 163

6. 家里装修时，装修工人受伤了，我要承担
责任吗？ …………………………………………… 165

7. 被网暴，应该怎么做？ …………………………… 166

8. 好心载同事上下班，发生车祸我还要赔钱给
同事？ ……………………………………………… 169

9. 宠物伤人，谁要负责？ …………………………… 170

10. 流浪猫狗伤人，谁要负责？ ……………………… 172

11. 高空抛物，谁要负责？ …………………………… 173

社会经济篇

1. 医美失败，我可以拒还医美贷吗？ ……………… 177

2. 住宅建设用地使用期满，怎么处理？ …………… 179

3. 宅基地可以抵押吗？ ……………………………… 180

4. 从村里迁出户口还能继续享有土地承包经营
权吗？ ……………………………………………… 182

5. 抵押的财产可以转让吗？ ………………………… 184

6. 格式条款都是无效的吗？ ………………………… 187

7. 外嫁女能享受村民待遇吗？ ……………………… 189

8. 买了房子没有住，可以不交物业管理费吗？ …… 192

9. 挂名法定代表人是天上掉下来的"馅饼"吗？ ······ 193
10. 租房子最长可以租多久？ ······ 196
11. 签了"连带保证责任"条款是否等于要承担债务人的责任？ ······ 197
12. 定金罚则是什么？ ······ 199
13. 租住很久的房子忽然被房东卖了，租赁合同还有效吗？ ······ 200
14. 合同定金最高可以约定多少？ ······ 202
15. 违约金约定后，可以调整吗？ ······ 203
16. 可以要求违约方同时支付定金和违约金吗？ ······ 204
17. 集体土地被征收，土地经营权人可以获得什么补偿？ ······ 207
18. 只有法定代表人签名的合同有效吗？ ······ 209
19. 业主委员会作出的决定，对业主有约束力吗？ ······ 211
20. 寻找遗失物的悬赏广告真的仅仅是噱头？ ······ 213
21. 到底持股多少才能对公司具有控制权？ ······ 214
22. 如何判断自己选的医美机构是否合法？ ······ 215
23. 有借条就一定能赢官司吗？ ······ 217

诉讼程序篇

前言Q：诉讼、仲裁是同一回事吗？ ······ 223

一、商事仲裁程序 Q&A ·················· 228
1. 哪些纠纷可以向商事仲裁委员会申请仲裁？······ 228
2. 商事仲裁可以约定哪个仲裁委？············ 229
3. 仲裁条款或仲裁协议需要包含哪些内容？········ 229
4. 在合同中约定了仲裁条款，还可以去法院提起诉讼吗？····················· 230
5. 我可以对仲裁裁决提起上诉吗？············ 232

二、劳动人事争议程序 Q&A ················ 232
1. 劳动人事争议包含了哪些内容？············ 233
2. 劳动仲裁是劳动人事争议案件的必经程序吗？····················· 234
3. 劳动人事争议案件应当向哪个劳动仲裁委员会申请劳动仲裁？················ 235
4. 劳动人事争议案件应当向哪个法院起诉？······· 235

婚姻篇

婚姻关系一直是现代女性最关注的法律关系之一,《中华人民共和国民法典》(以下简称《民法典》)时代下的婚姻制度因为"离婚冷静期"的设定也得到了全社会特别是现代女性的广泛关注。本篇为读者梳理了《民法典》时代下众多婚姻制度的热点问题,为现代女性的内心疑惑提供最直接、较权威的答案。

一、婚前

1. Q：婚前协议有必要签吗？

A：视每个人的需求而定，婚前协议并非一定要签。

现代女性独立自强，在社会上打拼往往不输男儿，不少独立女性在婚前就已经拥有自己的事业和财产，"财女"越来越多，婚前协议被提到的频率也就越来越高。

那是否有必要签订婚前协议呢？我们认为，要视每个人的情况而定。

对于会从父母处获得赠与大额财产、高净值人群或者再婚的女性来说，签订婚前协议会是一种比较好的厘清财产情况的方式，可以避免日后产生不必要的纠纷。

如果订立婚前协议，注意不要违反国家强制性规定，形式上虽然不强制公证，但是经公证的婚前协议的效力会比没有公证过的协议强。

【律师提醒】

是否签订婚前协议要视自己和配偶的自身情况而定，如果要签订，注意不要违反国家强制性规定，形式上最好通过公证固定下来。

【关联法条】

《民法典》

第一百五十三条第一款

违反法律、行政法规的强制性规定的民事法律行为无效。但是，该强制性规定不导致该民事法律行为无效的除外。

2. Q：婚前一起买的房，不结婚了怎么办？

A：情况不同，结果不同。

情形一，共同出资，登记在双方名下

如果在登记的时候没有注明份额，房屋属于购房者二人共同共有。一方若要处分自己的份额，需经过另一方的同意；如果对方不同意，则可能需要提起析产诉讼来确定自己的份额，然后才能进行处分。

如果在登记的时候已经注明份额，则房屋为按份共有。处分自己所有的份额，无须其他共有人同意，自主处理即可。但是，若想要处理整个共有房屋，则需要取得占有2/3以上份额的共有人同意才可以处理。

情形二，登记在一方名下

协商不成的，归登记一方，出资的一方可以向登记方主张返还出资款。

【律师提醒】

不动产的物权是以登记为对抗要件，原则上，登记在谁的名下，房屋就归谁，所以，谈恋爱合资买房要三思而后行。

【关联法条】

《民法典》

第二百零九条第一款

不动产物权的设立、变更、转让和消灭，经依法登记，发生效力；未经登记，不发生效力，但是法律另有规定的除外。

3. Q：同居分手后财产怎么处理？

A：原则上，同居男女无论在同居前、同居时个人所取得的财产归个人所有。

一般来说，男女双方未办理结婚登记，或者虽办理结婚登记但婚姻被撤销或属于无效婚姻，则双方的关系以同居关系处理。解除同居关系后，男女双方财产的分割原则散见于《民法典》及其他民事法律。

原则上，同居男女无论在同居前、同居时个人所取得的财产归个人所有。

双方也可以约定共同共有的财产范围，如双方共同买房时可以约定房屋是按份共有还是共同共有。若无法查明财产的共有模式及共有份额，也不能查明出资额的，视为按份等额享有。

从上面的原则可以看出，同居关系解除后，在处理财产时也只是按照普通关系来处理。现代社会人们获得了越来越多的选择权，在对待两性关系时，是选择同居还是婚姻，只能是以个案进行考量。

【律师提醒】
同居关系的财产分割跟婚姻关系的财产分割有区别。

【关联法条】
《民法典》
第三百零八条

共有人对共有的不动产或者动产没有约定为按份共有或者共同共有，或者约定不明确的，除共有人具有家庭关系等外，视为按份共有。

第三百零九条

按份共有人对共有的不动产或者动产享有的份额，没有约定或者约定不明确的，按照出资额确定；不能确定出资额的，视为等额享有。

二、婚后

4. Q：夫妻可以约定婚内财产的归属吗？

A：可以。

虽然在夫妻共同财产制度下，我国法律默认在婚姻关系存续期间取得的财产为夫妻共同财产。但法律也规定了男女双方可以约定婚内取得财产及婚前财产归哪一方所有，比如约定婚后一方取得的工资性收入中的80%归对方所有，或者一方取得的财产归取得方所有，等等。

需要注意的是，夫妻对婚内财产归属的约定，必须采取书面形式。如果没有采取书面形式约定，一般而言，财产将按照《民法典》第一千零六十二条、第一千零六十三条的规定判断归属。

这让笔者想起了司法实践中的典型案例：一方以为只要在配偶婚前购买房子上加名，就意味着房子的一半归自己。但是，由于双方没有对房屋的权属进行书面约定，法院认定婚前购买房屋的配偶拥有房屋的大部分权属，加名的一方只占少部分权属。

因此，夫妻双方若要对婚内财产的归属进行约定的，需要特别注意约定要符合法定形式。

【律师提醒】

夫妻财产归属的约定应当采取书面形式，否则不产生法律效力。

【关联法条】

《民法典》

第一千零六十五条

男女双方可以约定婚姻关系存续期间所得的财产以及婚前财产归各自所有、共同所有或者部分各自所有、部分共同所有。约定应当采用书面形式。没有约定或者约定不明确的，适用本法第一千零六十二条、第一千零六十三条的规定。

夫妻对婚姻关系存续期间所得的财产以及婚前财产的约定，对双方具有法律约束力。

夫妻对婚姻关系存续期间所得的财产约定归各自所有，夫或者妻一方对外所负的债务，相对人知道该约定的，以夫或者妻一方的个人财产清偿。

5. Q：父母有重病，配偶不愿意出钱治，怎么办？

A：除了离婚，还可以尝试婚内分割夫妻共同财产。

法律规定成年人对自己的父母有赡养义务，当生活困难的

父母生重病时,作为子女应当承担医疗费用。

子女如果用自己的个人财产来支付医疗费用,当然没有争议。

但如果子女已婚,要从夫妻共同财产里拿一大笔钱出来支付父母的医疗费用,就不是一个人能做主的了,毕竟法律规定,夫妻对共同财产是有平等的处理权的。

在这种情况下,《民法典》给出了解决方法,就是在婚姻关系存续期间分割夫妻共同财产,分割后财产就成为个人财产,上述难题就迎刃而解了。

【律师提醒】

配偶不愿出钱,可以起诉分割夫妻共同财产拿钱给父母治病。

【关联法条】

《民法典》

第一千零六十六条

婚姻关系存续期间,有下列情形之一的,夫妻一方可以向人民法院请求分割共同财产:

(一)一方有隐藏、转移、变卖、毁损、挥霍夫妻共同财产或者伪造夫妻共同债务等严重损害夫妻共同财产利益的行为;

(二)一方负有法定扶养义务的人患重大疾病需要医治,另一方不同意支付相关医疗费用。

6. Q：法律如何认定夫妻共同财产？

A：从取得的时间上判断，共同财产应当在婚姻关系存续期间取得；从财产的性质上看，专属于一方的不属于夫妻共同财产。

一般来说，在婚姻关系存续期间取得的工资性收入、经营性收入、知识产权收益、继承或受赠的财产（明确由一方继承或取得的除外）等，都属于夫妻共同财产。

但并不是婚内取得的所有财产都属于夫妻共同财产，法律也规定明确赠与婚内一方的财产、婚内一方获得的人身损害赔偿款、明确由婚内一方继承的遗产，还有一方的日用品等都属于一方婚内的个人财产。

另外，一方婚前获得的财产如果在婚后转换了载体，比如一方在婚前购买了一处房屋，结婚后将该房屋出售所得的款项，一般而言，会被认为仍是个人财产。

【律师提醒】

不要单纯地以财物获得的时间作为界定标准，还要结合法定条件来综合分析。

【关联法条】

《民法典》

第一千零六十二条

夫妻在婚姻关系存续期间所得的下列财产，为夫妻的共同财产，归夫妻共同所有：

（一）工资、奖金、劳务报酬；

（二）生产、经营、投资的收益；

（三）知识产权的收益；

（四）继承或者受赠的财产，但是本法第一千零六十三条第三项规定的除外；

（五）其他应当归共同所有的财产。

夫妻对共同财产，有平等的处理权。

第一千零六十三条

下列财产为夫妻一方的个人财产：

（一）一方的婚前财产；

（二）一方因受到人身损害获得的赔偿或者补偿；

（三）遗嘱或者赠与合同中确定只归一方的财产；

（四）一方专用的生活用品；

（五）其他应当归一方的财产。

7. Q：夫妻一方的婚内个人债务如何认定？

A：一看债务发生的时间，二看债务的用途。

在以往的司法实践中，一方在夫妻关系存续期间发生的债务，一般而言，会被认定为夫妻共同债务，这造成了许多配偶在莫名其妙的情况下身负债务，甚至是身负巨额债务的情况，更有甚者出现一方与第三人串通虚构债务，损害另一方利益的情形。

为此，现行《民法典》对夫妻共同债务的认定作出了新的界定标准，对比以往而言，更加严格、更加合理也更加清晰。

根据《民法典》的相关规定，婚前个人借的钱，一般不会因为婚姻缔结而转化为夫妻共同债务。

婚后一方借的钱，借款金额超过家庭日常生活需要的，一般认定为一方婚内的个人债务；如果婚内一方对外借款的金额与家庭日常生活相匹配，或者配偶对债务进行了签名确认，那么，一般会认定该债务为夫妻共同债务。

以上婚前及婚后个人借的钱，如果要认定为夫妻共同债务，必须由债权人举证证明债务是用于夫妻共同生活、共同经营或是夫妻双方一致同意借款。

当然，无论是什么原因、什么时候借的钱，只要另一方事后作出了明确的追认，也能转化为夫妻共同债务。

【律师提醒】

无论是谁提供的协议文本，请一定要看清文本内容，经过慎重考虑后再签署。

【关联法条】

《民法典》

第一千零六十四条

夫妻双方共同签名或者夫妻一方事后追认等共同意思表示所负的债务，以及夫妻一方在婚姻关系存续期间以个人名义为家庭日常生活需要所负的债务，属于夫妻共同债务。

夫妻一方在婚姻关系存续期间以个人名义超出家庭日常生活需要所负的债务，不属于夫妻共同债务；但是，债权人能够

证明该债务用于夫妻共同生活、共同生产经营或者基于夫妻双方共同意思表示的除外。

8. Q：夫或妻一方擅自送给他人一套房屋，另一方该怎么办？

A：如果房屋是夫妻共同财产，另一方可以通过法律途径追回房屋所有权。

夫或妻一方把房屋或者其他大额财产赠送给他人到底合法不合法。我们首先要确定财产的所有权是归赠与个人所有，还是夫妻共同所有。如果是前者，其当然有权处分个人财产，则另一方无法追回。如果是后者，即赠与人处分的是夫妻共同财产，且未得到另一方的同意，则赠与人是无权处分人，赠与人的行为属于无权处分行为，此时另一方是否可以把财产追回呢？

并不是所有的无权处分行为，都可以通过法律途径追回财产。

《民法典》规定，在取得该不动产或动产时，受让人同时满足以下3个条件的，构成"善意取得"，原来的所有权人不能追回财产：

在交易时是善意的。如果受让人与无权处分人恶意串通，或者明知无权处分人无处分权等，则受让人不构成善意取得；

财产必须以合理的价格转让，如果是无偿或者价格过低，则不能构成善意取得；

财产已经登记（如房屋过户登记）或者交付（如把钱汇到他人账户里），就已经完成财产交付，原所有权人是不能追回财产的。

受让人要取得财产的所有权,上述三个条件缺一不可。

如果无权处分人将财产赠与他人,即受让人取得财产是无偿的,则受让人不能构成法律上的"善意取得",原权利人是有权追回财产的。此时,夫或妻一方擅自赠与他人一套房屋(前提是房屋为夫妻共同财产),另一方有权追回房屋所有权。另外,如果受让人与夫或妻一方恶意串通损害另一方的利益,或者虽然受让人是善意且已经支付对价款项,但只要房屋未过户,另一方仍可以追回房屋所有权。

如果原所有权人无法追回财产,相关的损失如何弥补呢?原权利人只能通过向无权处分人请求损害赔偿来弥补损失了。

【律师提醒】

构成"善意取得"的三个条件缺一不可。在具体案件中,原所有权人可以从上述三个方面调查取证以证明受让人不构成"善意取得",从而追回财产。

【关联法条】

《民法典》

第三百一十一条

无处分权人将不动产或者动产转让给受让人的,所有权人有权追回;除法律另有规定外,符合下列情形的,受让人取得该不动产或者动产的所有权:

(一)受让人受让该不动产或者动产时是善意。

（二）以合理的价格转让。

（三）转让的不动产或者动产依照法律规定应当登记的已经登记，不需要登记的已经交付给受让人。

受让人依据前款规定取得不动产或者动产的所有权的，原所有权人有权向无处分权人请求损害赔偿。

当事人善意取得其他物权的，参照适用前两款规定。

第一千零六十二条第二款

夫妻对共同财产，有平等的处理权。

《最高人民法院关于适用〈中华人民共和国民法典〉婚姻家庭编的解释（一）》

第二十八条

一方未经另一方同意出售夫妻共同所有的房屋，第三人善意购买、支付合理对价并已办理不动产登记，另一方主张追回该房屋的，人民法院不予支持。

夫妻一方擅自处分共同所有的房屋造成另一方损失，离婚时另一方请求赔偿损失的，人民法院应予支持。

9. Q：内地人员在港澳地区办理注册的婚姻缔结手续，有效吗？

A：符合法律规定的，有效。

香港、澳门回归均已超过 20 年了，随着海峡两岸即香港、澳门经济的不断发展，加上大湾区政策的全面铺开，港、澳地区与祖国内地之间的交流、融合越来越多，海峡两岸即香港、澳门人员缔结婚姻的情况也越来越多，同时，许多港澳同胞夫妻也开始选择在内地生活、经商或工作，特别是深圳、珠海等毗邻港澳地区的特区，更是常见此种情况。

那么，夫妻关系作为法律规定中重要的人身关系，内地人员在港澳地区办理注册的婚姻缔结手续，有效吗？

根据《民法典》以及我国涉港澳地区婚姻注册的相关规定，对于不违反我国强制性规定，或不违反港澳地区相关婚姻注册条例的婚姻缔结手续，是有效的。

【律师提醒】

在港澳地区的婚姻缔结手续如果符合我国法律规定，或港澳地区的婚姻注册条例，是有效的。

【关联法条】

《民法典》

第一千零四十二条

禁止包办、买卖婚姻和其他干涉婚姻自由的行为。禁止借婚姻索取财物。

禁止重婚。禁止有配偶者与他人同居。

禁止家庭暴力。禁止家庭成员间的虐待和遗弃。

第一千零五十一条

有下列情形之一的，婚姻无效：（一）重婚；（二）有禁止结婚的亲属关系；（三）未到法定婚龄。

《中华人民共和国涉外民事关系法律适用法》

第二十一条

结婚条件,适用当事人共同经常居所地法律;没有共同经常居所地的,适用共同国籍国法律;没有共同国籍,在一方当事人经常居所地或者国籍国缔结婚姻的,适用婚姻缔结地法律。

第二十二条

结婚手续,符合婚姻缔结地法律、一方当事人经常居所地法律或者国籍国法律的,均为有效。

10. Q:事实婚姻的生效时间以什么为准?

A:事实婚姻的效力始于双方当事人符合结婚实质要件之日,止于离婚判决书、调解书生效之日。

一般情况下,结婚以完成结婚登记之日作为确立婚姻关系的日期,离婚则以离婚登记或者离婚判决书、调解书生效之日为准。那么,事实婚姻的生效时间以什么时间为准呢?

首先,我们了解一下何为事实婚姻。

事实婚姻是一种介于同居和普通婚姻之间的状态,它有婚姻的实质要件,却没有婚姻的形式要件(未办理结婚登记)。

其次,我国的事实婚姻存在历史性。

根据法律规定,以夫妻名义共同生活的男女二人,在1994年2月1日民政部《婚姻登记管理条例》公布实施以前,已经符合结婚实质要件的,该二人的关系按事实婚姻处理;而在此时间点之后符合结婚实质要件且未补办结婚登记的,只能按同居关系处理。

也就是说，1994年2月1日之前，男女二人未登记结婚但一直以夫妻名义共同生活，则构成事实婚姻，即使在1994年2月1日之后没有办理相关的婚姻登记手续，也不影响其婚姻关系的成立，事实婚姻的生效时间为二人符合结婚实质要件之日起算。

所谓结婚实质要件一般是指男女二人自愿结婚、达到法定婚龄、不是直系血亲或三代以内旁系血亲、双方均不是重婚等。司法实践中，如果男女二人举办了婚礼的，则以婚礼之日为事实婚姻的生效时间。

那么，1994年2月1日之后，是否还存在事实婚姻呢？1994年2月1日之后，男女二人未登记结婚但一直以夫妻名义共同生活，不构成事实婚姻，仅作同居处理。

最后，事实婚姻的离婚具有特殊性。

事实婚姻虽然具有婚姻的效力，但由于没有在民政部门办理登记结婚，也没有相关的法律规定。一般而言，不能通过民政部门办理事实婚姻的离婚手续。此时，事实婚姻的当事人要解除婚姻关系只能向法院起诉离婚。

我们可以看出，事实婚姻的效力始于双方当事人符合结婚实质要件之日，止于离婚判决书、调解书生效之日。

【律师提醒】

不要小看了婚姻关系的起止时间点的认定。通常情况下，婚姻关系存续期间取得的财产是夫妻共同财产，故婚姻关系起止时间点会影响夫妻共同财产的范围。

【关联法条】

《民法典》

第一千零四十九条

要求结婚的男女双方应当亲自到婚姻登记机关申请结婚登记。符合本法规定的,予以登记,发给结婚证。完成结婚登记,即确立婚姻关系。未办理结婚登记的,应当补办登记。

第一千零七十六条

夫妻双方自愿离婚的,应当签订书面离婚协议,并亲自到婚姻登记机关申请离婚登记。

离婚协议应当载明双方自愿离婚的意思表示和对子女抚养、财产以及债务处理等事项协商一致的意见。

第一千零八十条

完成离婚登记,或者离婚判决书、调解书生效,即解除婚姻关系。

《最高人民法院关于适用〈中华人民共和国民法典〉婚姻家庭编的解释(一)》

第三条

当事人提起诉讼仅请求解除同居关系的,人民法院不予受理;已经受理的,裁定驳回起诉。

当事人因同居期间财产分割或者子女抚养纠纷提起诉讼的,人民法院应当受理。

第六条

男女双方依据民法典第一千零四十九条规定补办结婚登记

的，婚姻关系的效力从双方均符合民法典所规定的结婚的实质要件时起算。

第七条

未依据民法典第一千零四十九条规定办理结婚登记而以夫妻名义共同生活的男女，提起诉讼要求离婚的，应当区别对待：

（一）1994年2月1日民政部《婚姻登记管理条例》公布实施以前，男女双方已经符合结婚实质要件的，按事实婚姻处理。

（二）1994年2月1日民政部《婚姻登记管理条例》公布实施以后，男女双方符合结婚实质要件的，人民法院应当告知其补办结婚登记。未补办结婚登记的，依据本解释第三条规定处理。

三、离婚

11. Q：离婚冷静期是怎么一回事？

A：这是一个允许申请离婚双方反悔的期限。

2021年1月1日，我国《民法典》颁布实施，此时，"离婚冷静期"横空出世进入大众视野，引起了广泛的关注。大家都在讨论什么是离婚冷静期？去法院起诉要不要冷静期？

需要说明的是，这里的"冷静期"是双方前往民政部门办理协议离婚手续前会遇到的。

那"冷静期"到底是怎么回事呢？

如果双方协商一致去民政部门办理离婚登记，需要先提交离婚登记申请，民政部门受理申请后30日内，任何一方都有权撤回离婚申请，如果30日内双方均没有撤回离婚申请，那么冷静期结束后就可以到民政部门申请领取离婚证。具体流程

如下图所示：

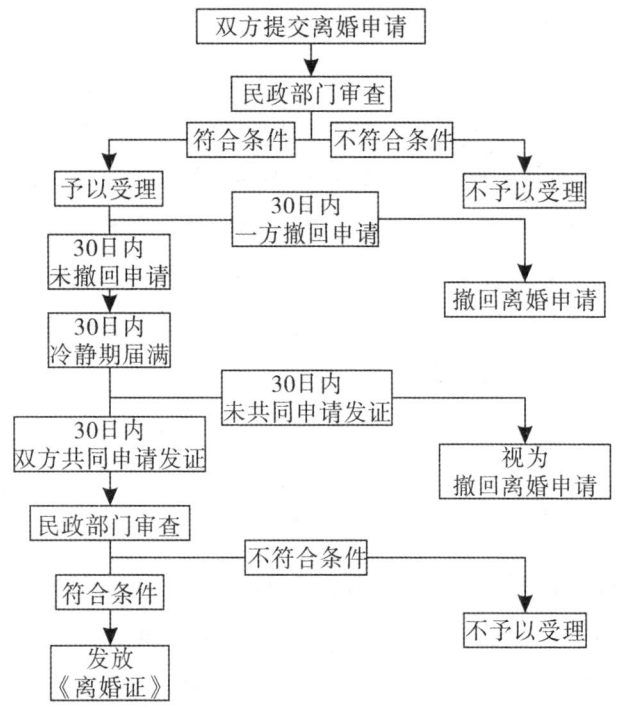

民政部门离婚流程示意图

这 30 天的冷静期，就是一个允许申请离婚的双方进行反悔的期限，给婚姻一个维持下去的机会。

那么，去法院起诉离婚需要冷静期吗？答案是不需要的。

法律并未在离婚诉讼程序中设置"冷静期"的期限，但由于诉讼离婚需要经过起诉、立案、调解、排期、开庭、判决、一审、二审等一系列的诉讼程序，因此时间会比较长，也许会比协议离婚的时间更长。

【律师提醒】

离婚冷静期是去民政部门办理离婚手续才需要的经历，去法院提起诉讼离婚不需要冷静期，当然您也可以和配偶一起自行冷静。

【关联法条】

《民法典》

第一千零七十七条

自婚姻登记机关收到离婚登记申请之日起三十日内，任何一方不愿意离婚的，可以向婚姻登记机关撤回离婚登记申请。

前款规定期限届满后三十日内，双方应当亲自到婚姻登记机关申请发给离婚证；未申请的，视为撤回离婚登记申请。

《民政部关于贯彻落实〈中华人民共和国民法典〉中有关婚姻登记规定的通知（民发〔2020〕116号）》

二、调整离婚登记程序

（三）冷静期。自婚姻登记机关收到离婚登记申请并向当事人发放《离婚登记申请受理回执单》之日起三十日内，任何一方不愿意离婚的，可以持本人有效身份证件和《离婚登记申请受理回执单》（遗失的可不提供，但需书面说明情况），向受理离婚登记申请的婚姻登记机关撤回离婚登记申请，并亲自填写《撤回离婚登记申请书》（附件4）。经婚姻登记机关核实无误后，发给《撤回离婚登记申请确认单》（附件5），并将《离婚登记申请书》《撤回离婚登记申请书》《撤回离婚

登记申请确认单（存根联）》一并存档。

自离婚冷静期届满后三十日内，双方未共同到婚姻登记机关申请发给离婚证的，视为撤回离婚登记申请。

（四）审查。自离婚冷静期届满后三十日内（期间届满的最后一日是节假日的，以节假日后的第一日为期限届满的日期），双方当事人应当持《婚姻登记工作规范》第五十五条第（四）至（七）项规定的证件和材料，共同到婚姻登记机关申请发给离婚证。

婚姻登记机关按照《婚姻登记工作规范》第五十六条和第五十七条规定的程序和条件执行和审查。婚姻登记机关对不符合离婚登记条件的，不予办理。当事人要求出具《不予办理离婚登记告知书》（附件7）的，应当出具。

12. Q：哪些情形法院应当准予双方离婚？

A：有七种情况。

很多人认为，只要夫妻双方认为自己感情破裂，起诉到法院就一定能离婚，这是一个认知误区。事实上，法律并没有规定只要起诉，法院就一定要判决双方离婚。如果只是一方有意离婚，另一方不愿意离，在没有法定情形的前提下，法院一般会判决不准离婚。只有存在法律规定的应当判决离婚的情形，法院才会判决双方离婚。

（1）感情确已破裂。

对于感情是否破裂、是否能修复，主审法官具有很强的自由心证的余地。仅仅是夫妻二人吵架、冷战等，并不能让法官

· 22 ·

认为双方感情确已破裂。故证明感情破裂的难度比较高。

（2）重婚或者与他人同居。

这里的重婚有两种形式，一种是指有配偶者又与他人登记结婚，另一种是指虽然未登记结婚但与他人以夫妻名义共同生活。需要提醒的是，重婚的第二种形式很容易与同居混淆，二者相比，同居仅仅是共同生活，缺少了"以夫妻名义"这一要件。

（3）实施家庭暴力或者虐待、遗弃家庭成员。

家庭暴力的受害方一般应当提供报警回执、医院验伤单据、受伤的照片等证据证明家庭暴力的存在。

（4）有赌博、吸毒等恶习。

赌博、吸毒等恶习是家庭、夫妻关系的定时炸弹，也不符合我国的社会主义道德观，故如果婚姻关系的一方出现这种情况，法律是允许双方离婚的，关键还是要注意保留相关证据。

（5）因感情不和分居满二年。

不少当事人都以为只要分居满二年就一定能顺利离婚，实际上是个认知的误区。因为这个判决离婚的条件中，实际上包含两个条件，一是因感情不和而分居，二是分居满二年。在实际案件中，分居满二年不难证明，难的是证明二人分居是因为感情不和。

（6）一方被法院宣告失踪。

若配偶经法院依法宣告失踪，则一方起诉至法院离婚的，法院应当准予离婚。

（7）经法院判决不准离婚后，双方分居满一年。

此处的分居,与第(5)点的分居的要求明显不同。这里起算分居满一年的条件是,双方曾经到法院诉讼离婚,但法院判决不准离婚。在此情况下,分居满一年,法院应当准予离婚。此时不再需要证明分居是因感情不和。

【律师提醒】

没有法定离婚情形的,当事人第一次起诉离婚时法院一般会判决不予离婚。这时,当事人在收到不准离婚的判决后,双方分居满一年再次起诉离婚,此时法院才会判决离婚。

【关联法条】

《民法典》

第一千零七十九条

夫妻一方要求离婚的,可以由有关组织进行调解或者直接向人民法院提起离婚诉讼。

人民法院审理离婚案件,应当进行调解;如果感情确已破裂,调解无效的,应当准予离婚。

有下列情形之一,调解无效的,应当准予离婚:

(一)重婚或者与他人同居;

(二)实施家庭暴力或者虐待、遗弃家庭成员;

(三)有赌博、吸毒等恶习屡教不改;

(四)因感情不和分居满二年;

(五)其他导致夫妻感情破裂的情形。

一方被宣告失踪,另一方提起离婚诉讼的,应当准予离婚。

经人民法院判决不准离婚后,双方又分居满一年,一方再次提起离婚诉讼的,应当准予离婚。

13. Q:夫妻长期分居可以自动离婚吗?

A:不可以。

你们是不是也听到过这样的"只要分居两年就可以自动离婚,不用去办离婚手续""签了离婚协议就是离婚的"等说法,笔者也经常听过这些说法,事实是这样的吗?

并不是的。

我们国家并未在相关法律中设置"自动离婚"的制度,合法的离婚途径只有"协议离婚"和"诉讼离婚"两种,而无论上述哪种途径,都需要至少一方主动启动。而且对于离婚,我国法律法规以及相关规范性文件均设置了详细、严格的流程。

而分居,只是作为判断夫妻关系是否已经破裂的审查条件之一,而非唯一条件,更非决定性条件,因此,即使夫妻双方感情破裂、分居达到两年,也要到相关部门完成相关流程,办理离婚手续。否则,婚姻关系就一直都存在,双方的人身关系、财产关系等都继续受到这段婚姻关系的约束。

【律师提醒】

分居不必然导致离婚,我国也没有"自动离婚"一说,要离婚就要办理合法的离婚手续。

【关联法条】

《民法典》

第一千零七十六条

夫妻双方自愿离婚的，应当签订书面离婚协议，并亲自到婚姻登记机关申请离婚登记。

离婚协议应当载明双方自愿离婚的意思表示和对子女抚养、财产以及债务处理等事项协商一致的意见。

第一千零七十九条

夫妻一方要求离婚的，可以由有关组织进行调解或者直接向人民法院提起离婚诉讼。

人民法院审理离婚案件，应当进行调解；如果感情确已破裂，调解无效的，应当准予离婚。

有下列情形之一，调解无效的，应当准予离婚：

（一）重婚或者与他人同居；

（二）实施家庭暴力或者虐待、遗弃家庭成员；

（三）有赌博、吸毒等恶习屡教不改；

（四）因感情不和分居满二年；

（五）其他导致夫妻感情破裂的情形。

一方被宣告失踪，另一方提起离婚诉讼的，应当准予离婚。

经人民法院判决不准离婚后，双方又分居满一年，一方再次提起离婚诉讼的，应当准予离婚。

第一千零八十条

完成离婚登记，或者离婚判决书、调解书生效，即解除婚姻关系。

14. Q：什么情况下，男方不得提出离婚？

　　A：（1）女方怀孕期间；

　　　　（2）女方分娩后 1 年内；

　　　　（3）女方终止妊娠后 6 个月内。

现代婚姻的状态林林总总，我们在网上时而会看到女性孕期、哺乳期出现婚姻破裂的案例，总是让人无比痛心。

经历孕期、哺乳期或者妊娠终止的女性，身体、心理甚至经济都遭受着巨大的压力，此时配偶如果提出离婚，对女性来说无疑是巨大的打击，也严重影响家庭和睦、社会和谐。

我国法律规定，公民有结婚和离婚的自由；同时，出于保护女性的角度，法律对男性提出离婚的时间进行了限制，并不是男性想什么时候提离婚就可以提的。

法律规定，女性在孕期、分娩后 1 年及终止妊娠后 6 个月内，男方是不能提离婚的，即使男方提起诉讼，法院也会驳回起诉，除非法院认为确有必要受理男方的离婚请求。

需要特别说明的是，上述期间内，女方的离婚权利并未受到限制，若女性想提起离婚诉讼，法院是会受理的。

【律师提醒】

除非有法院认为确实需要受理的情况，否则，男性在以下时间段内不能随意提出离婚：

（1）女方怀孕期间；

（2）女方分娩后 1 年内；

（3）女方终止妊娠后 6 个月内。

【关联法条】

《民法典》

第一千零八十二条

女方在怀孕期间、分娩后一年内或者终止妊娠后六个月内，男方不得提出离婚；但是，女方提出离婚或者人民法院认为确有必要受理男方离婚请求的除外。

15. Q：离婚要返还彩礼吗？

A：分情况而定。

结婚给彩礼，是我国婚姻缔结的风俗，法律虽无规定结婚一定要给彩礼，但给彩礼的现象仍然普遍存在。很多人关心如果离婚了，彩礼是否需要返还呢？

根据《民法典（婚姻家庭编）》相关司法解释的规定，在一定情况下，是可以要求返还彩礼的，例如，一方将彩礼支付给另外一方后，双方未实际登记结婚的，支付彩礼的一方可以要求返还；或者，二人虽然登记结婚，但并未共同生活的，也属于可要求返还彩礼的情形；还有一种情况，就是一方在结婚前倾尽所有向另一方支付了彩礼，最后导致自己生活困难的，也可以要求返还彩礼。

司法实践中，离婚时女方是否需要返还彩礼，最主要是看彩礼是否已经转化为夫妻共同财产或为共同生活而使用。比如法条规定的"双方办理结婚登记手续但确未共同生活"这一理由，其实质内涵是，如果双方未共同生活，或从未为共同生活而共同花费任何费用，从法律上看，双方的个人财产并未混同为夫妻共同财产，在这种情况下，彩礼作为某种意义上的附条件的赠与（男方为了结婚而赠与女方），在离婚时应当返还。反之，如果双方确已登记结婚并共同生活，在夫妻共同生活的过程中，必定会产生夫妻一起承担共同生活中的各项费用，久而久之，彩礼会被认为已经在共同生活中花费了或与夫妻共同财产混同，无法返还。

【律师提醒】

彩礼是否要返还，主要看夫妻双方是否共同生活，彩礼是否已经转化为夫妻共同财产或为共同生活而使用。

【关联法条】

《最高人民法院关于适用〈中华人民共和国民法典〉婚姻家庭编的解释（一）》

第五条

当事人请求返还按照习俗给付的彩礼的，如果查明属于以下情形，人民法院应当予以支持：

（一）双方未办理结婚登记手续；

（二）双方办理结婚登记手续但确未共同生活；

（三）婚前给付并导致给付人生活困难。

适用前款第二项、第三项的规定，应当以双方离婚为条件。

16. Q：离婚时，可以要求对方赔偿吗？

A：特定情况下可以。

随着现代社会的发展，越来越多的女性参与社会工作中，女性除了要在职场上打拼，还要在家庭中扮演好妻子、母亲、女儿和儿媳的多重角色，可谓劳心劳力，为家庭的付出也非常多，却经常被忽视，笔者也曾被问到：离婚，能不能向配偶主张赔偿？

我国《民法典》对离婚时可获得赔偿的情形进行了明确的规定，下列情况发生时，是可以向配偶主张赔偿的：

（1）对方重婚的。这里所谓的"重婚"，是指配偶与他人以夫妻名义长期、稳定地共同生活。

（2）对方与他人同居。这里的同居，是指对方跟婚外异性，不以夫妻名义，持续、稳定地共同居住。

（3）对方实施家庭暴力。所谓"家庭暴力"，是指以殴打、捆绑、残害、限制人身自由及经常性谩骂、恐吓等方式实施的身体、精神等侵害行为。

（4）虐待、遗弃家庭成员。所谓"虐待"，可以理解为持续性、经常性的家庭暴力；而遗弃，则是拒不履行抚养义务，致使被扶养人生活丧失保障的行为。

（5）其他重大过错情形，这种情况需要具体案件具体分析去判定。

【律师提醒】

对方如果出现上述行为，请务必注意保留证据，对身体损伤进行验伤并及时报警，这样才有利于起诉要求离婚赔偿时获得支持。

【关联法条】

《民法典》

第一千零九十一条

有下列情形之一，导致离婚的，无过错方有权请求损害赔偿：

（一）重婚；

（二）与他人同居；

（三）实施家庭暴力；

（四）虐待、遗弃家庭成员；

（五）有其他重大过错。

《中华人民共和国反家庭暴力法》

第二条

本法所称家庭暴力，是指家庭成员之间以殴打、捆绑、残害、限制人身自由以及经常性谩骂、恐吓等方式实施的身体、精神等侵害行为。

《最高人民法院关于适用〈中华人民共和国民法典〉婚姻家庭编的解释（一）》

第一条

持续性、经常性的家庭暴力，可以认定为民法典第一千零四十二条、第一千零七十九条、第一千零九十一条所称的"虐待"。

第二条

民法典第一千零四十二条、第一千零七十九条、第一千零九十一条规定的"与他人同居"的情形，是指有配偶者与婚外异性，不以夫妻名义，持续、稳定地共同居住。

17. Q：什么情况下离婚可以要求对方不分或少分财产？

A：对方存在隐藏、转移、变卖、毁损、挥霍夫妻共同财产，或伪造夫妻共同债务企图侵占夫妻共同财产的行为时，可以要求对方不分或少分财产。

"我想问问，离婚时，怎样才能让对方'不分'或'少分'财产呢？"这是离婚咨询中，出现频率极高的问题，频率之高，仅次于"净身出户"。

那到底什么情况下离婚时可以要求对方不分或少分财产？

我国《民法典》规定，夫妻二人对夫妻共同财产具有平等的处理权，任何一方不得损害另一方的合法权益，为了保障公民对属于自己的夫妻共同财产的合法权利，惩罚恶意侵吞配偶财产的不法行为，《民法典》对于离婚时一方"不分"或者"少分"的情形作出了明确的规定。

（1）夫妻一方隐藏、转移、变卖、毁损、挥霍夫妻共同财产的。

在夫妻关系存续期间，如果配偶出现隐藏、转移、变卖、损毁、挥霍夫妻共同财产的，则在离婚时，为了维护财产权利被侵害的另一方，法律允许在财产分割时对过错一方进行"惩罚"，即"不分"或"少分"。

（2）夫妻一方伪造夫妻共同债务企图侵占另一方财产的。

在夫妻关系存续期间，如果配偶出现伪造夫妻共同债务，通过利用夫妻共同财产偿还虚假夫妻共同债务来达到侵占另一方财产的行为，那么为了维护另一方的合法权益，法律规定上述行为也属于"不分"或"少分"的情形。

上述两种情形，即便是离婚后才发现，也可以起诉要求再次分割夫妻共同财产。

【律师提醒】

如果出现上述"不分"或"少分"的情形，即使离婚了，也可以起诉要求重新分割夫妻共同财产，建议要做好证据的留存，以便日后维权能获得支持。

【关联法条】

《民法典》

第一千零六十二条

夫妻在婚姻关系存续期间所得的下列财产，为夫妻的共同财产，归夫妻共同所有：

（一）工资、奖金、劳务报酬；

（二）生产、经营、投资的收益；

（三）知识产权的收益；

（四）继承或者受赠的财产，但是本法第一千零六十三条第三项规定的除外；

（五）其他应当归共同所有的财产。

夫妻对共同财产，有平等的处理权。

第一千零九十二条

夫妻一方隐藏、转移、变卖、毁损、挥霍夫妻共同财产，或者伪造夫妻共同债务企图侵占另一方财产的，在离婚分割夫妻共同财产时，对该方可以少分或者不分。离婚后，另一方发现有上述行为的，可以向人民法院提起诉讼，请求再次分割夫妻共同财产。

18. Q：离婚时，可以把房子赠与孩子吗？

A：可以的。

我们常常看到，在离婚时，夫妻双方都不愿意把财产，特别是房产之类的大型资产分给对方，无论如何分割（即使是平分）也不一定能让双方满意，此时，很多夫妻会选择把他们的财产留给孩子，那么，离婚时，可以把房子赠与孩子吗？答案是可以的。

根据法律规定，夫妻在婚姻关系存续期间所得的财产为夫妻的共同财产，归夫妻共同所有，夫妻对共同财产均具有平等的处理权。因此，在离婚时，对房屋的产权进行处理，共同将房屋产权赠与孩子是夫妻二人合法行使物权权利的一种行为，因此，离婚时，可以把房子赠与孩子。

【律师提醒】

离婚时，可以将房产赠与孩子，但注意要办理好相关的赠与手续。

【关联法条】

《民法典》

第六百五十七条

赠与合同是赠与人将自己的财产无偿给予受赠人，受赠人表示接受赠与的合同。

第六百五十九条

赠与的财产依法需要办理登记或者其他手续的，应当办理有关手续。

第一千零六十二条

夫妻在婚姻关系存续期间所得的下列财产，为夫妻的共同财产，归夫妻共同所有：

（一）工资、奖金、劳务报酬；

（二）生产、经营、投资的收益；

（三）知识产权的收益；

（四）继承或者受赠的财产，但是本法第一千零六十三条第三项规定的除外；

（五）其他应当归共同所有的财产。

夫妻对共同财产，有平等的处理权。

19. Q：房子登记在未成年子女名下，父母离婚时可以分割吗？

A：不可以。

离婚时，可以分割的是夫妻共同财产，不可分割非夫妻一方婚前财产或婚内个人财产，更不能处分他人的财产。

众所周知，房产属于不动产，根据《民法典》关于不动产物权的相关规定，房产登记在谁名下即为谁的财产，无论是夫妻双方谁出资，或者夫妻双方在婚前还是婚后购买房产然后登记在未成年子女名下，该房产依法均应当属于该未成年子女的个人财产，并不属于夫妻共同财产。

既然登记在未成年子女名下的房产不属于夫妻共同财产，就不存在父母离婚需要分割房产的情况。但有人说，这房子是父母买的，为什么是孩子的呢？父母购买房屋后，将房产登记在子女名下的行为可视为赠与行为，在法律上形成了合法的赠与合同关系而且已经履行完毕，未成年子女获得该赠与房产后，即为该房产的合法权利人。因此，该房产属于该未成年子女通过受赠与获得的个人财产，而非父母的夫妻共同财产，所以，父母离婚时，不能分割该房产。

【律师提醒】

登记在未成年子女名下的房子为该未成年子女的个人财产，并不属于夫妻共同财产，离婚时不可分割。

【关联法条】

《民法典》

第十九条

八周岁以上的未成年人为限制民事行为能力人，实施民事法律行为由其法定代理人代理或者经其法定代理人同意、追认；但是，可以独立实施纯获利益的民事法律行为或者与其年龄、智力相适应的民事法律行为。

第二十条

不满八周岁的未成年人为无民事行为能力人,由其法定代理人代理实施民事法律行为。

第二百零八条

不动产物权的设立、变更、转让和消灭,应当依照法律规定登记。动产物权的设立和转让,应当依照法律规定交付。

第二百零九条

不动产物权的设立、变更、转让和消灭,经依法登记,发生效力;未经登记,不发生效力,但是法律另有规定的除外。

依法属于国家所有的自然资源,所有权可以不登记。

第二百一十四条

不动产物权的设立、变更、转让和消灭,依照法律规定应当登记的,自记载于不动产登记簿时发生效力。

第六百五十七条

赠与合同是赠与人将自己的财产无偿给予受赠人,受赠人表示接受赠与的合同。

第六百五十九条

赠与的财产依法需要办理登记或者其他手续的,应当办理有关手续。

第一千零六十二条

夫妻在婚姻关系存续期间所得的下列财产,为夫妻的共同财产,归夫妻共同所有:

(一)工资、奖金、劳务报酬;

（二）生产、经营、投资的收益；

（三）知识产权的收益；

（四）继承或者受赠的财产，但是本法第一千零六十三条第三项规定的除外；

（五）其他应当归共同所有的财产。

夫妻对共同财产，有平等的处理权。

20. Q：涉港澳婚姻可以到内地民政部门办理离婚吗？

A：根据婚姻注册地的不同而分情况讨论。

对于在内地生活的涉港澳婚姻双方，可以到内地的民政部门办理离婚吗？这个问题，我们需要根据婚姻注册地的不同来分情况讨论。

（1）内地登记结婚的。

无论双方的户籍所在地在哪里，只要双方是在我国内地民政部门登记结婚的，则双方可以选择协议离婚或诉讼离婚来解除婚姻关系。

所谓"协议离婚"，即双方经协商一致前往有管辖权的民政部门办理离婚手续。

所谓"诉讼离婚"，即一方向内地有管辖权的法院提起离婚诉讼，通过诉讼方式解除婚姻关系。

（2）在港澳地区注册结婚的。

如果涉港澳婚姻的缔结地是在港澳地区，而双方均生活在内地，若此时双方想在内地办理离婚，就只有一种途径：诉讼离婚。

需要提醒的是，在港澳地区注册结婚的，婚姻缔结的证明文书需要经过具有公证资质的香港律师公证并出具公证文书之后，才能作为证据提交法院使用。

【律师提醒】

在内地登记结婚的，可选择前往民政部门协议离婚或向法院提起诉讼离婚。

在港澳地区注册结婚的，在内地只能诉讼离婚。

【关联法条】

《民法典》

第一千零七十六条

夫妻双方自愿离婚的，应当签订书面离婚协议，并亲自到婚姻登记机关申请离婚登记。

离婚协议应当载明双方自愿离婚的意思表示和对子女抚养、财产以及债务处理等事项协商一致的意见。

第一千零七十七条

自婚姻登记机关收到离婚登记申请之日起三十日内，任何一方不愿意离婚的，可以向婚姻登记机关撤回离婚登记申请。

前款规定期限届满后三十日内，双方应当亲自到婚姻登记机关申请发给离婚证；未申请的，视为撤回离婚登记申请。

第一千零七十八条

婚姻登记机关查明双方确实是自愿离婚，并已经对子女抚养、财产以及债务处理等事项协商一致的，予以登记，发给离婚证。

第一千零七十九条

夫妻一方要求离婚的，可以由有关组织进行调解或者直接向人民法院提起离婚诉讼。

人民法院审理离婚案件，应当进行调解；如果感情确已破裂，调解无效的，应当准予离婚。

有下列情形之一，调解无效的，应当准予离婚：

（一）重婚或者与他人同居；

（二）实施家庭暴力或者虐待、遗弃家庭成员；

（三）有赌博、吸毒等恶习屡教不改；

（四）因感情不和分居满二年；

（五）其他导致夫妻感情破裂的情形。

一方被宣告失踪，另一方提起离婚诉讼的，应当准予离婚。

经人民法院判决不准离婚后，双方又分居满一年，一方再次提起离婚诉讼的，应当准予离婚。

第一千零八十条

完成离婚登记，或者离婚判决书、调解书生效，即解除婚姻关系。

《中华人民共和国涉外民事关系法律适用法》

第二十六条

协议离婚，当事人可以协议选择适用一方当事人经常居所地法律或者国籍国法律。当事人没有选择的，适用共同经常居所地法律；没有共同经常居所地的，适用共同国籍国法律；没有共同国籍的,适用办理离婚手续机构所在地法律。

第二十七条

诉讼离婚,适用法院地法律。

21. Q:离婚后,发现有财产没有分割的可以重新起诉吗?
　　A:可以。

离婚时能分割的财产,往往是双方均知晓的财产,但并不是所有夫妻在离婚时都能知晓对方持有的财产,很多夫妻在离婚时已经是长期分居的状态,离开了彼此的生活,对彼此的财产状况也不了解。

如果离婚后,一方发现还有夫妻共同财产未作分割,那该怎么办呢?是不是就没办法拿回属于自己的另一半了?

根据法律规定,离婚后一方发现另一方在婚内其实还拥有其他财产,而在离婚的时候并没有进行分割,即使已经离婚了,也还可以要求对未分割的财产进行分割析产的。

在诉讼层面,若发现对方有未分割的财产,一方想起诉的话,需要整理好财产线索以及相关证据,向法院提起案由为离婚后财产纠纷的诉讼,要求对离婚时未涉及的夫妻共同财产进行析产分割即可。

【律师提醒】

不要以为离婚了,就不能要求分割未处理的夫妻共同财产了,其实,你依然有权主张分割析产。

【关联法条】

《最高人民法院关于适用〈中华人民共和国民法典〉婚姻家庭编的解释（一）》

第八十三条

离婚后，一方以尚有夫妻共同财产未处理为由向人民法院起诉请求分割的，经审查该财产确属离婚时未涉及的夫妻共同财产，人民法院应当依法予以分割。

22. Q：离婚后，我可以给我孩子改姓吗？

A：不可以单方擅自改姓。

现代社会，离婚不是新鲜事，许多女性在离婚时会选择要孩子的抚养权，把孩子带在自己身边抚养。不少女性认为，孩子的抚养权在自己手上，孩子跟自己生活，婚都离了，没必要让孩子留着孩子爸爸的姓，想擅自主张把孩子的姓氏改为妈妈的姓，这样可以吗？

根据法律规定，孩子可以随父姓或者随母姓，但在司法实践中，父母一方并不能擅自修改孩子的姓氏或者名字。

根据公安部2002年5月21日对安徽省公安厅《关于变更姓名问题的请示》（公办〔2002〕65号）的批复：根据最高人民法院《关于变更子女姓氏问题的复函》（〔1981〕法民字11号）的有关精神，对于离婚双方未经协商或协商未达成一致意见而其中一方要求变更子女姓名的，公安机关可以拒绝受理；对一方因向公安机关隐瞒离婚事实，而取得子女姓名变更的，若另一方要求恢复子女原姓名且离婚双方协商不成，公安机关应予恢复。可见，变更未成年孩子的姓氏需要父母双方同意才行。

【律师提醒】

孩子随父姓、随母姓都可以，但若因离异要对未成年孩子进行更名改姓的，需要父母都签字同意才行。

【关联法条】

《民法典》

第一千零一十五条

自然人应当随父姓或者母姓，但是有下列情形之一的，可以在父姓和母姓之外选取姓氏：

（一）选取其他直系长辈血亲的姓氏；

（二）因由法定扶养人以外的人扶养而选取扶养人姓氏；

（三）有不违背公序良俗的其他正当理由。

少数民族自然人的姓氏可以遵从本民族的文化传统和风俗习惯。

23. Q：离婚后，子女抚养关系可以变更吗？

A：在特定情况下可以。

男女双方离婚时，必定会对子女的直接抚养人及另一方应当支付的抚养费等问题确定下来。

曾有客户找到笔者咨询：当时离婚为了能够早日再婚没要孩子的抚养权，但离婚后无法每日看到孩子，让自己十分痛苦，现在后悔了，想把孩子的抚养权变更过来，自己直接抚养孩子，可以吗？

如果双方能协商一致，当然可以变更子女的直接抚养人。

如果双方无法协商一致，则只有出现法定的情形并起诉至法院，法院才有可能支持变更。法定情况包括直接抚养方不适合继续抚养子女（如重病伤残或有虐待行为等），8岁以上子女自愿选择随另一方生活及其他正当理由等。

变更子女抚养关系的理由在认定上还是比较严格的，主要是遵循是否利于子女的成长这个原则来判断。一般来说，如非必要，司法实践中通常是以不变应万变。

【律师提醒】

是否能变更子女抚养关系，主要看变更是否更利于子女的成长。

【关联法条】

《最高人民法院关于适用〈中华人民共和国民法典〉婚姻家庭编的解释（一）》

第五十六条

具有下列情形之一，父母一方要求变更子女抚养关系的，人民法院应予支持：

（一）与子女共同生活的一方因患严重疾病或者因伤残无力继续抚养子女；

（二）与子女共同生活的一方不尽抚养义务或有虐待子女行为，或者其与子女共同生活对子女身心健康确有不利影响；

（三）已满八周岁的子女，愿随另一方生活，该方又有抚养能力；

（四）有其他正当理由需要变更。

第五十七条

父母双方协议变更子女抚养关系的，人民法院应予支持。

24. Q：离婚后，如何保障对孩子的探望权？

A：离婚时一定要明确探望的方式、地点、频次等，方便行使探望权。如果被对方拒绝探望的，也可以起诉维权。

有些夫妻婚姻破裂后，因为关系闹得比较僵，直接抚养子女的一方找各种借口，不让另一方探望子女，严重侵害另一方的合法权利。

在现实生活中，即便已经存在关于探望权的生效判决，直接抚养子女的一方仍有可能百般阻挠另一方探望权的行使，而目前我国的强制执行措施难以做到有效直接地执行探望行为，只能对拒不协助另一方行使探望权的人或组织进行拘留或罚款等惩罚措施。

我们认为，男女双方即便离婚，改变的只是夫妻关系，不应当影响父母子女关系，保障正常的探望权也可以在一定程度上使子女的人生观价值观得到更好的塑造，希望离婚的双方都能与对方和解，不要影响子女可能获得的爱。

【律师提醒】

关于探望权，法律仅规定了探望的权利，但是关于探望的方式、时间、频次等，只能由双方先行协商，协商不成的情况下，法院才会根据具体情况处理。

【关联法条】

《民法典》

第一千零八十六条

离婚后，不直接抚养子女的父或者母，有探望子女的权利，另一方有协助的义务。

行使探望权利的方式、时间由当事人协议；协议不成的，由人民法院判决。

父或者母探望子女，不利于子女身心健康的，由人民法院依法中止探望；中止的事由消失后，应当恢复探望。

《最高人民法院关于适用〈中华人民共和国民法典〉婚姻家庭编的解释（一）》

第六十五条

人民法院作出的生效的离婚判决中未涉及探望权，当事人就探望权问题单独提起诉讼的，人民法院应予受理。

第六十八条

对于拒不协助另一方行使探望权的有关个人或者组织，可以由人民法院依法采取拘留、罚款等强制措施，但是不能对子女的人身、探望行为进行强制执行。

25. Q：离婚后，村屋的拆迁款还有我的份吗？

A：主要看宅基地使用权和房屋所有权归属，以及离婚时是否对房屋进行分割。

一般而言，房屋的拆迁权益与权属是息息相关的，除非补偿方案另有规定。

普通的商品房在权属方面更清晰，因此，在拆迁款的归属方面争议相对较少，而宅基地房屋恰恰相反。

笔者在经办宅基地房屋拆迁纠纷以及宅基地房地一体登记

案件的过程中发现，由于涉及农村宅基地使用权的分配、房屋所有权的登记与实际相悖、传统家族伦理等现实问题，宅基地的拆迁款归属问题往往存在各种复杂的案情和巨大的争议。

宅基地房屋的拆迁涉及两大部分的补偿：第一，宅基地地块本身的补偿；第二，宅基地地上房屋的补偿。那么，这两部分补偿有什么不一样呢？我们分开来说：

关于宅基地地块本身补偿的归属问题。根据以往司法实践经验，在拆迁过程中，对于宅基地本身地块的使用权并没有太多的补偿，所以就不存在补偿归属的问题。

但现在不同了，有了类似于"区位补偿价"的补偿款项，因此，相当于宅基地有了使用权价值的补偿。

针对该部分补偿，由于宅基地在村集体最初分配时已经以户为单位登记了使用权。一般来说，以户为使用权人，即该部分如果存在补偿款，则属于宅基地分配时户内人员共享。

关于宅基地地上房屋补偿的归属问题。司法实践中，关于该部分补偿的归属认定更为复杂。一般认为，家庭共同出钱盖房屋并以所有权人的自我认知对房屋进行占有使用的人，是房屋的所有权人。

有些妇女在嫁给男方后，男方家中才开始在分得的宅基地上盖房子，此时妇女也参与了房屋建设，那么在双方离婚时，也应当对该房屋进行分割。

如果未明确分割，则应当认为该妇女对房屋至少拥有部分所有权，在此基础上进行拆迁权益的分配。

村屋纠纷实际情况较为复杂，需要个案分析，建议咨询专业人士。

【律师提醒】

拆迁款的归属主要看房屋的权属。

【关联法条】

《民法典》

第一千零八十七条

离婚时，夫妻的共同财产由双方协议处理；协议不成的，由人民法院根据财产的具体情况，按照照顾子女、女方和无过错方权益的原则判决。

对夫或者妻在家庭土地承包经营中享有的权益等，应当依法予以保护。

《广州市农民集体所有土地征收补偿办法》

第四十五条

被征收房屋权利人不选择复建安置或者产权调换的，按照被征收房屋的重置价加区位补偿价给予货币补偿。被征收房屋所占土地不再核定留用地指标。

货币补偿金额的计算公式为：被征收房屋重置单价（附件5）×征收部门核定的房屋套内建筑面积＋区位补偿单价×征收部门核定的土地补偿面积。

26. Q：离婚后孩子随对方生活，我对孩子还有监护权吗？

A：有。

父母离异后，父母对子女的监护权不受影响。

笔者曾遇到咨询称："孩子在学校打了人，但是孩子平时不是跟自己生活，是跟前夫/前妻生活的，那我还需要承担孩子打人的赔偿责任吗？"事实上，这类问题的答案与谁是孩子的监护人的答案是一致的。在法律上，无论父母是否离婚、孩子随哪一方共同生活，父母都是未成年孩子的监护人，都需要对孩子造成的损害承担责任。

监护人，一般是指对无民事行为能力人、限制民事行为能力人的人身、财产、行为及其他一切事务负有监督、保护责任的人。

离婚后孩子随一方生活，是指一方直接抚养孩子，即我们一般所称离婚时或离婚后一方要争取的"抚养权"。但并不是说，不与孩子共同生活的另一方，就没有抚养义务了。法律规定，离婚后父母对子女仍有抚养义务。只是这种抚养并不体现在与孩子共同生活，而是体现在如支付抚养费、承担教养义务、陪护义务等。

也就是说，无论父母是否离婚，对孩子都是有监护、抚养的义务的。对于普通人来说，只要理解到监护人的主要责任是监督、管教并为孩子的行为承担责任，而抚养的意义则倾向于养育、支付抚养费等义务。

【律师提醒】

切勿将抚养权与监护权混为一谈。抚养权解决的是谁有权直接抚养孩子。监护权是要求父母履行监督、保护子女的责任。监护权不因父母离婚或分居而有所改变。

【关联法条】

《民法典》

第二十七条第一款

父母是未成年子女的监护人。

第一千零八十四条

父母与子女间的关系,不因父母离婚而消除。离婚后,子女无论由父或者母直接抚养,仍是父母双方的子女。

离婚后,父母对于子女仍有抚养、教育、保护的权利和义务。

离婚后,不满两周岁的子女,以由母亲直接抚养为原则。已满两周岁的子女,父母双方对抚养问题协议不成的,由人民法院根据双方的具体情况,按照最有利于未成年子女的原则判决。子女已满八周岁的,应当尊重其真实意愿。

第一千一百八十八条

无民事行为能力人、限制民事行为能力人造成他人损害的,由监护人承担侵权责任。监护人尽到监护职责的,可以减轻其侵权责任。

有财产的无民事行为能力人、限制民事行为能力人造成他人损害的,从本人财产中支付赔偿费用;不足部分,由监护人赔偿。

第一千一百八十九条

无民事行为能力人、限制民事行为能力人造成他人损害,监护人将监护职责委托给他人的,监护人应当承担侵权责任;受托人有过错的,承担相应的责任。

家事篇

家庭关系作为最基本的社会关系,是我国最重要的法律关系之一。现代女性在家庭中的地位越来越突出,希望通过法律途径维护自身合法权益的意识也越来越强。本篇为读者梳理并讲解《民法典》时代特征下众多家庭法律关系制度的热点问题,理清现代女性权益维护的思路。

1. Q：非婚生子女可以要求父母支付抚养费吗？

A：可以。

我国的封建传统观念中，对非婚生子女地位的认可度会低于婚生子女。而事实上，我国的现行法律对非婚生和婚生子女是一视同仁的，非婚生子女享有与婚生子女同等的法律权利，而非婚生子女和婚生子女在法律上的权利、义务趋同，体现了我国保障子女权利的法治精神。

抚养未成年子女是父母的法定义务，并不会因子女是非婚生的而免责，因此，非婚生子女与婚生子女一样，有权利要求父母向其履行抚养义务、支付抚养费。

如果涉及非婚生子女抚养费相关诉讼程序，需要注意哪些细节呢？

第一，血缘关系的相关证据。

在非婚生子女抚养费纠纷的诉讼中，需要提供证明父母子女之间血缘关系的证据，这是主张抚养费的事实基础，例如子女的出生证明。如果向生父主张抚养费，而出生证明中并未记载父亲姓名的，或者记载的父亲并非生物学父亲的，这个举证就存在一定的难度。司法实践中，大概率需要通过做DNA鉴定来确定血缘关系。

第二，抚养费包含什么内容？

根据法律规定，抚养费包含生活费、教育费、医疗费等。

第三，如何确定抚养费的标准。

根据法律规定，抚养费要结合子女的实际需要、父母双方的负担能力和当地的实际生活水平来确定。生父母有固定收入的，可以按照月收入的 20%～30% 的比例给付；无固定收入的，可以按照年总收入或同行业平均工资具体情况确定。

【律师提醒】

只要是亲生的，就要支付抚养费，抚养费包括生活费、教育费、医疗费等。

【关联法条】

《民法典》

第一千零七十一条

非婚生子女享有与婚生子女同等的权利，任何组织或者个人不得加以危害和歧视。

不直接抚养非婚生子女的生父或者生母，应当负担未成年子女或者不能独立生活的成年子女的抚养费。

《最高人民法院关于适用〈中华人民共和国民法典〉婚姻家庭编的解释（一）》

第四十二条

民法典第一千零六十七条所称"抚养费"，包括子女生活费、教育费、医疗费等费用。

第四十九条

抚养费的数额，可以根据子女的实际需要、父母双方的负担能力和当地的实际生活水平确定。

有固定收入的，抚养费一般可以按其月总收入的百分之二十至三十的比例给付。负担两个以上子女抚养费的，比例可以适当提高，但一般不得超过月总收入的百分之五十。

无固定收入的，抚养费的数额可以依据当年总收入或者同行业平均收入，参照上述比例确定。

有特殊情况的，可以适当提高或者降低上述比例。

第五十一条

父母一方无经济收入或者下落不明的，可以用其财物折抵抚养费。

2. Q：非婚生子女可以继承父母的遗产吗？

A：可以。

在父母没有遗嘱的情况下，《民法典》明确规定非婚生子女可以以第一顺序继承人的身份继承父母的遗产。

当然，如果被继承人生前立有合法有效的遗嘱，则遗嘱优先。

我国《民法典》对非婚生和婚生子女是一视同仁的，非婚生子女与婚生子女在法律规定的权利方面没有区别。

但在司法实践中，由于种种因素的影响，非婚生子女要继承父母的遗产，最大的障碍是怎么证明你爸（妈）是你爸（妈）。自从户籍制度建立以来，亲属关系是可以通过公安部门的户籍档案查证的。但非婚生子女一般只跟父或母一方落户，与另一方在户籍上没有联系，这时就只能通过其他手段证明相关人员的亲子关系了。

【律师提醒】

非婚生子女是第一顺序继承人，但前提是要提供亲子关系证明。

【关联法条】

《民法典》

第一千一百二十七条

遗产按照下列顺序继承：

（一）第一顺序：配偶、子女、父母；

（二）第二顺序：兄弟姐妹、祖父母、外祖父母。

继承开始后，由第一顺序继承人继承，第二顺序继承人不继承；没有第一顺序继承人继承的，由第二顺序继承人继承。

3. Q：什么情况下成年子女可以向父母要求支付抚养费？

A：在无法独立生活的情况下成年子女可以向父母要求支付抚养费。

父母对未成年子女有抚养并支付抚养费的义务，这是《民法典》关于父母子女义务最基本的规定，那子女成年后，父母是否就完全没有抚养子女并支付抚养费的法定义务了呢？其实不然。

根据《民法典》的规定，子女成年后，如果其仍不能独立生活的，也还是可以要求父母支付抚养费的。

当然，此处的"不能独立生活"，应当局限于因伤病残疾等原因导致的，法治的精神仍然是为了保障伤病残障人士在社会上生存、生活的基本所需，不得滥用。

随着社会的发展，我们可以看到，成年子女"啃老"已成为一个社会话题，时不时会掀起讨论的热潮，如果纯粹是懒、有工作能力而不去工作、因为心情原因不工作，因为家庭原因没有教会子女正常生活技能等导致的所谓"不能"独立生活，则不属于成年子女可向父母索要抚养费的范畴。

【律师提醒】

成年子女是否能向父母要求支付抚养费，应当看是否具备法律规定的条件。

【关联法条】

《民法典》

第一千零六十七条

父母不履行抚养义务的，未成年子女或者不能独立生活的成年子女，有要求父母给付抚养费的权利。

成年子女不履行赡养义务的，缺乏劳动能力或者生活困难的父母，有要求成年子女给付赡养费的权利。

4. Q：子女的抚养费到底怎么计算？

A：需要关注这几个比例：20%～30%、50%。

离婚案件的咨询中，除了夫妻共同财产如何分割、对方出轨可否让其净身出户和孩子应由谁抚养之外，最高频出现的问题就是：孩子抚养费到底怎么计算？

首先，需要明确，子女的抚养费包含哪些内容？

根据《民法典》的规定，子女的抚养费包含子女的生活费、教育费、医疗费等费用。

其次，抚养费金额的确定需要考虑综合性因素。

根据司法实践，子女抚养费的确定一般会综合参考以下3个因素：①子女的实际需要；②父母双方的负担能力；③当地的实际生活水平。这里所谓的"当地实际生活水平"，主要考虑的是子女经常居住地的实际生活水平。

再次，在上述大原则情况下，法律根据非直接抚养一方的收入情况，给出了指导性的计算比例：

（1）有固定收入的

如果非直接抚养一方有固定收入，一般而言，会根据其月总收入的20%~30%的比例确定抚养费。如果需要负担两个以上子女抚养费的，抚养费的总额一般不得超过其月总收入的50%。

（2）无固定收入的

如果非直接抚养一方无固定收入（也就是说，非直接抚养一方有工作，只是收入不固定的），一般而言，抚养费的数额会依据其当年全年总收入或者是同行业的平均收入水平，参照有固定收入人群的上述比例来确定。

（3）无收入的

如果非直接抚养一方无收入的，可以用其财物来折抵抚养费。

最后，有读者会问，抚养费必须一次性支付吗？还是每月支付呢？

根据法律的规定，抚养费可以定期给付，如每月支付或每季度支付都是可以的；如果支付方有条件的，也可以一次性给付。也就是说，抚养费的支付频率并不是单一化的。抚养费一般支付至子女18周岁，如果子女已满16周岁，而其已参加工作,且收入已达当地一般生活水平的,父或母也可以停止支付抚养费。

【律师提醒】

离婚并不代表可以不抚养子女,无论何种抚养费的支付比例和支付方式,目的都是让非直接抚养一方继续履行作为父或母的抚养义务。

【关联法条】
《民法典》
第一千零八十五条

离婚后,子女由一方直接抚养的,另一方应当负担部分或者全部抚养费。负担费用的多少和期限的长短,由双方协议;协议不成的,由人民法院判决。

前款规定的协议或者判决,不妨碍子女在必要时向父母任何一方提出超过协议或者判决原定数额的合理要求。

《最高人民法院关于适用〈中华人民共和国民法典〉婚姻家庭编的解释(一)》
第四十九条

抚养费的数额,可以根据子女的实际需要、父母双方的负担能力和当地的实际生活水平确定。

有固定收入的,抚养费一般可以按其月总收入的百分之二十至三十的比例给付。负担两个以上子女抚养费的,比例可以适当提高,但一般不得超过月总收入的百分之五十。

无固定收入的,抚养费的数额可以依据当年总收入或者同行业平均收入,参照上述比例确定。

有特殊情况的,可以适当提高或者降低上述比例。

第五十条

抚养费应当定期给付,有条件的可以一次性给付。

第五十一条

父母一方无经济收入或者下落不明的,可以用其财物折抵抚养费。

第五十三条

抚养费的给付期限,一般至子女十八周岁为止。

十六周岁以上不满十八周岁,以其劳动收入为主要生活来源,并能维持当地一般生活水平的,父母可以停止给付抚养费。

5. Q:什么情况下子女可以要求增加抚养费?

A:抚养费无法覆盖子女合理的生活支出时。

男女双方在离婚协议或法院离婚判决中,会明确双方的财产和子女抚养问题。一般而言,离婚后确定一方直接抚养子女,另一方应当向直接抚养方支付抚养费。

现代社会经济迅速发展,如果父母离婚几年后,基于当地社会生活物价水平上升,或子女突发疾病等原因,导致离婚时确定的抚养费不足以负担子女的日常生活时,是可以根据法律的相关规定要求增加抚养费。

需要强调的是,若要求增加抚养费,则需要另行提起抚养费纠纷的诉讼。

【律师提醒】

增加抚养费要同时考虑所在地区社会生活水平和支付者的承受能力等因素，不是想增加就能增加的。

【关联法条】
《最高人民法院关于适用〈中华人民共和国民法典〉婚姻家庭编的解释（一）》

第四十九条

抚养费的数额，可以根据子女的实际需要、父母双方的负担能力和当地的实际生活水平确定。有固定收入的，抚养费一般可以按其月总收入的百分之二十至百分之三十的比例给付。负担两个以上子女抚养费的，比例可以适当提高，但一般不得超过月总收入的百分之五十。无固定收入的，抚养费的数额可以依据当年总收入或者同行业平均收入，参照上述比例确定。有特殊情况的，可以适当提高或者降低上述比例。

第五十五条

离婚后，父母一方要求变更子女抚养关系的，或者子女要求增加抚养费的，应当另行提起诉讼。

6. Q：继子女对继父母负有赡养义务吗？享有继承权吗？

A：如果双方形成了扶养关系，继子女对继父母负有赡养义务，也享有继承权。

很多人认为，继父母与继子女之间没有血缘关系，他们之间不产生法定的权利、义务关系，最多是受到传统价值观上的约束。这个理解对吗？我们说，只对了一部分。

我国法律除了承认生物上的父母子女关系，也承认拟制的亲子关系，即拟制血亲。所谓"拟制血亲"，包括养父母子女，和形成了扶养关系的继父母子女、继兄弟姐妹等。

那如何确定是否已经形成扶养关系呢？

举个例子，小明的母亲再婚后带着8岁的小明与继父共同生活，从小明8岁开始到18岁乃至后来上大学、工作，都是小明母亲和继父共同抚养的，而继父对小明的生活、教育、工作等各方面有不少的付出，这就可以视为双方形成了扶养关系。既然小明是在母亲和继父的抚养下长大的，那小明对继父也负有赡养义务，履行子女赡养父母的义务，若继父过世，小明当然具有第一顺位继承人的身份。

相反，如果小明的母亲是在小明20岁之后才与继父再婚，此时，小明已是成年人，其与继父之间如果从未一起生活，则二人事实上并未形成扶养关系，小明对继父则无赡养义务，继父过世，小明也不具有第一顺位继承人的身份。

【律师提醒】

继子女对继父母是否有赡养义务，是否享有继承权，最主要还是看是否形成扶养关系。

【关联法条】

《民法典》

第一千零七十二条

继父母与继子女间，不得虐待或者歧视。

继父或者继母和受其抚养教育的继子女间的权利义务关系，适用本法关于父母子女关系的规定。

第一千一百二十七条

遗产按照下列顺序继承：

（一）第一顺序：配偶、子女、父母；

（二）第二顺序：兄弟姐妹、祖父母、外祖父母。

继承开始后，由第一顺序继承人继承，第二顺序继承人不继承；没有第一顺序继承人继承的，由第二顺序继承人继承。

本编所称子女，包括婚生子女、非婚生子女、养子女和有扶养关系的继子女。

本编所称父母，包括生父母、养父母和有扶养关系的继父母。

本编所称兄弟姐妹，包括同父母的兄弟姐妹、同父异母或者同母异父的兄弟姐妹、养兄弟姐妹、有扶养关系的继兄弟姐妹。

7. Q：养子女对养父母、亲生父母负有赡养义务吗？享有继承权吗？

A：具体看收养关系是否成立。

笔者接到过一些针对养子女与养父母权利义务的咨询，养子女有个疑问，当年自己是被养父母合法收养的，一直抚养到成年。后来，生父母找来了，说自己年纪大了，自己的生子女应当赡养他们，要求生子女向其支付赡养费，但养子女认为，虽然生父母给予了自己生命，但并没有抚养过自己一天，也从未过问过自己的生活、教育、工作,等等,现在生父母要求自己支付赡养费,养子女认为不可理喻,而且对含辛茹苦抚养、教育自己成人的养父母也不公平,此种两难的局面,应该如何面对?

同时,养子女对生父母、养父母的遗产又是否享有继承权?

其实,《民法典》明确规定了相关的权利义务关系。

根据法律规定,一旦养子女与养父母之间形成法定的收养关系,自收养之日起,会发生两种最直接的法律后果:

(1)生子女与生父母之间的法律关系消除,生父母无法定义务抚养生子女,生子女也无法定义务赡养生父母,法律上,生子女与生父母已经没有关系了,所以生子女也无权继承生父母的遗产。

(2)该子女与养父母之间形成法律上的父母子女关系。也就是说,自收养关系成立的那天起,养父母有法定义务抚养养子女,养子女也有法定义务赡养养父母,而养子女与养父母之间的权利义务就与普通的生养家庭的父母子女关系无异。此时,除法定的继承权消灭事由发生,否则养子女对养父母依法享有继承权。

一般而言,权利义务的行使取决于当时的法律关系,而收养关系是有可能无效、被解除或变更的,但因相关情形比较复杂,相关的权利义务确定就需要具体案件具体分析了。

【律师提醒】

法律上,收养关系与血缘亲子关系不可并存,一旦收养关系形成,则血缘子女关系随之消灭。

【关联法条】

《民法典》

第一千一百一十一条

自收养关系成立之日起，养父母与养子女间的权利义务关系，适用本法关于父母子女关系的规定；养子女与养父母的近亲属间的权利义务关系，适用本法关于子女与父母的近亲属关系的规定。

养子女与生父母以及其他近亲属间的权利义务关系，因收养关系的成立而消除。

第一千一百二十七条

遗产按照下列顺序继承：

（一）第一顺序：配偶、子女、父母；

（二）第二顺序：兄弟姐妹、祖父母、外祖父母。

继承开始后，由第一顺序继承人继承，第二顺序继承人不继承；没有第一顺序继承人继承的，由第二顺序继承人继承。

本编所称子女，包括婚生子女、非婚生子女、养子女和有扶养关系的继子女。

本编所称父母，包括生父母、养父母和有扶养关系的继父母。

本编所称兄弟姐妹，包括同父母的兄弟姐妹、同父异母或者同母异父的兄弟姐妹、养兄弟姐妹、有扶养关系的继兄弟姐妹。

8. Q：爷爷奶奶有法定的探望权吗？

A：法律上没有规定，但司法实践中，特定情形下，可以通过诉讼方式获得保护。

从古至今，我国的家族概念都根深蒂固，家庭成员之间的关系非常紧密，家族繁衍也是家族内的重大话题。

在以前，绝大部分的家庭成员即使在婚后也会和其他家族成员居住在一起，祖父母、外祖父母作为家族的核心，往往决定着家族成员融合的黏度，甚至充当协助子女抚养孩子的重要角色。

随着时代的变迁，家庭成员婚后搬离原生家庭已经是常态。在此情况下，祖父母、外祖父母就不如以往那样可以常常看到孙子女、外孙子女，我们甚至会听到一些案例，说爷爷、奶奶起诉儿媳要求探望孙子女。

那么，在法律上，爷爷、奶奶有法定的探视权吗？

事实上，我国《民法典》并没有直接规定祖父母、外祖父母对孙子女、外孙子女享有法定的探视权。但根据最高人民法院对于民事审判工作的相关精神，对于父母已死亡或父母无力抚养的未成年孙子女、外孙子女，祖父母、外祖父母尽了抚养义务的，其定期探望孙子女、外孙子女的权利应当得到尊重，并有权通过诉讼方式获得司法保护。

笔者认为，在我国公序良俗的道德体系下，祖父母、外祖父母对孙子女、外孙子女的探视权应当予以保护，即使法律并没有明确规定，也不应阻止祖父母、外祖父母对孙子女、外孙子女的探视。

【律师提醒】

在一定法定条件下，祖父母、外祖父母对孙子女、外孙子女具有法定探视权。但即使法律并没有明确规定，也不应阻止祖父母、外祖父母对孙子女、外孙子女的探视。

【关联法条】
《民法典》
第一千零八十六条

离婚后，不直接抚养子女的父或者母，有探望子女的权利，另一方有协助的义务。

行使探望权利的方式、时间由当事人协议；协议不成的，由人民法院判决。

父或者母探望子女，不利于子女身心健康的，由人民法院依法中止探望；中止的事由消失后，应当恢复探望。

《第八次全国法院民事商事审判工作会议（民事部分）纪要》
二、关于婚姻家庭纠纷案件的审理
（一）关于未成年人保护问题

2. 离婚后，不直接抚养未成年子女的父母一方提出探望未成年子女诉讼请求的，应当向双方当事人释明探望权的适当行使对未成年子女健康成长、人格塑造的重要意义，并根据未成年子女的年龄、智力和认知水平，在有利于未成年子女成长和尊重其意愿的前提下，保障当事人依法行使探望权。

3. 祖父母、外祖父母对父母已经死亡或父母无力抚养的未成年孙子女、外孙子女尽了抚养义务，其定期探望孙子女、外孙子女的权利应当得到尊重，并有权通过诉讼方式获得司法保护。

9. Q：法定继承人有顺序之分吗？

A：有的。

继承，是一个古而有之的概念。继承的制度从封建社会开始一直延续下来，加上多年演变，和异域文化的传入，慢慢在人们的脑海里伴随各种各样不同的印记。

民间流传的继承资格也有着各种各样的版本，有的人说继承是没有顺位的，有血缘关系就可以，有的人说只是留给孩子，无须再谈顺位。

法定继承人到底有没有顺序之分呢？

答案是肯定的。

首先，需要明确的是，法定继承人的顺序之分只发生在法定继承情形之下，不适用于遗嘱继承的情形。

继承顺序的概念是在法定继承的情况下发生的。也就是说，如果被继承人生前有遗嘱的，就不需要讨论法定继承人的继承顺序问题。

在前述背景下，我们来说说法定继承人的排序。

根据《民法典》的相关规定，法定继承开始后，遗产首先由第一顺序的法定继承人继承，此时，第一顺序法定继承人包括被继承人的配偶、子女、父母。

如果被继承人没有第一顺序法定继承人，即无配偶、无子女、无父母，那么被继承人的遗产就由第二顺序的法定继承人继承，此时，第二顺序法定继承人包括兄弟姐妹、祖父母、外祖父母。

如果被继承人没有第一、第二顺序法定继承人的，又确实没有人继承遗产的，其相关的遗产将归国家所有，如果被继承人生前是集体所有制组织的成员，则其遗产将归所在集体所有制组织所有。

在此需要强调两点：①同一顺序的继承人之间不存在先后顺序，大家同时享有同等的继承份额，简单来说就是同时分、平均分；②若有第一顺序继承人的，且第一顺序继承人不放弃继承的，则遗产与第二顺序继承人无关。

【律师提醒】

法定继承人之间可以协商处理遗产继承的问题，若能协商的，尽量协商处理。

如果无法协商一致需要诉至法院的，就要特别注意了：法定继承案件必须将所有在世的法定继承人都列为当事人才能处理。笔者建议，若存在遗产需要继承的，应当及时起诉，以免出现后续不断追加法定继承人或法定继承人无法联系等问题，导致诉讼时间过长或案件无法处理的后果。

【关联法条】

《民法典》

第一千一百二十六条

继承权男女平等。

第一千一百二十七条

遗产按照下列顺序继承：

（一）第一顺序：配偶、子女、父母；

（二）第二顺序：兄弟姐妹、祖父母、外祖父母。

继承开始后，由第一顺序继承人继承，第二顺序继承人不继承；没有第一顺序继承人继承的，由第二顺序继承人继承。

本编所称子女，包括婚生子女、非婚生子女、养子女和有扶养关系的继子女。

本编所称父母，包括生父母、养父母和有扶养关系的继父母。

本编所称兄弟姐妹，包括同父母的兄弟姐妹、同父异母或者同母异父的兄弟姐妹、养兄弟姐妹、有扶养关系的继兄弟姐妹。

第一千一百三十条

同一顺序继承人继承遗产的份额，一般应当均等。

对生活特殊困难又缺乏劳动能力的继承人，分配遗产时，应当予以照顾。

对被继承人尽了主要扶养义务或者与被继承人共同生活的继承人，分配遗产时，可以多分。

有扶养能力和有扶养条件的继承人，不尽扶养义务的，分配遗产时，应当不分或者少分。

继承人协商同意的，也可以不均等。

第一千一百五十四条

有下列情形之一的，遗产中的有关部分按照法定继承办理：

（一）遗嘱继承人放弃继承或者受遗赠人放弃受遗赠；

（二）遗嘱继承人丧失继承权或者受遗赠人丧失受遗赠权；

（三）遗嘱继承人、受遗赠人先于遗嘱人死亡或者终止；

（四）遗嘱无效部分所涉及的遗产；

（五）遗嘱未处分的遗产。

第一千一百六十条

无人继承又无人受遗赠的遗产，归国家所有，用于公益事业；死者生前是集体所有制组织成员的，归所在集体所有制组织所有。

10. Q：什么情况下法定继承人可以多分遗产？

A：有3种情况。

一般而言，法定继承人之间的继承份额是均等的，也就是俗称的平均分，同时，法律对法定继承人多分遗产的情形进行了明确规定：

一是所有法定继承人经协商一致，对遗产分配比例进行调整的，可多分遗产。

根据《民法典》的相关规定，继承开始后，法定继承人之间可以对遗产分割的时间、遗产分割的办法以及个人获得的遗产份额进行协商，如果在此过程中，基于各种原因，经过所有法定继承人协商一致，部分法定继承人可以多分遗产。

二是生活有特殊困难又缺乏劳动能力的继承人，应当多分遗产。

根据《民法典》的相关规定，同时符合以下两个条件的继承人，在遗产分割时应获得照顾，多分遗产：

（一）生活有特殊困难

这里说的"生活有特殊困难"，并不是指一般的经济困难或者突发的经济困境，而是指没有独立生活来源或者是收入来源难以维持最基本的生活水平。

（二）缺乏劳动能力

这里说的"缺乏劳动能力"，是指尚未有劳动能力，或者因为年迈、病残丧失或者部分丧失劳动能力的情况。一般而言，不懂工作如何做、劳动水平低下或不适应工作环境不属于缺乏劳动能力的情形。

三是对被继承人尽了主要扶养义务或者与被继承人共同生活的继承人，可以多分遗产。

所谓"对被继承人尽了主要扶养义务是指对被继承人负有法定的抚养、扶养和赡养义务"，是指为被继承人的生活提供了主要的经济来源，对其生活给予主要照顾或者提供了主要的劳务扶助，例如主要负责家务、照顾、护理等。

"与被继承人共同生活"，是指继承人与被继承人共同生活，而继承人有扶养能力、扶养条件且履行了扶养义务的情况。若继承人虽与被继承人共同生活，但有能力却不尽扶养义务、不照顾被继承人的，则不适用多分遗产的相关规定。

需要注意的是，这里的共同生活并履行扶养义务并不是"必须"多分遗产的情形，而是"可以"多分遗产。

【律师提醒】

应当多分遗产的情形：继承人生活有特殊困难又缺乏劳动能力的。

可以多分遗产的情形：①所有继承人协商一致的；②与被继承人共同生活且履行扶养义务的。

【关联法条】

《民法典》

第一千一百三十二条

继承人应当本着互谅互让、和睦团结的精神，协商处理继承问题。遗产分割的时间、办法和份额，由继承人协商确定；协商不成的，可以由人民调解委员会调解或者向人民法院提起诉讼。

第一千一百三十条

同一顺序继承人继承遗产的份额，一般应当均等。

对生活有特殊困难又缺乏劳动能力的继承人，分配遗产时，应当予以照顾。

对被继承人尽了主要扶养义务或者与被继承人共同生活的继承人，分配遗产时，可以多分。

有扶养能力和有扶养条件的继承人，不尽扶养义务的，分配遗产时，应当不分或者少分。

继承人协商同意的，也可以不均等。

第一千一百五十四条

有下列情形之一的，遗产中的有关部分按照法定继承办理：

（一）遗嘱继承人放弃继承或者受遗赠人放弃受遗赠；

（二）遗嘱继承人丧失继承权或者受遗赠人丧失受遗赠权；

（三）遗嘱继承人、受遗赠人先于遗嘱人死亡或者终止；

（四）遗嘱无效部分所涉及的遗产；

（五）遗嘱未处分的遗产。

《最高人民法院关于〈中华人民共和国民法典〉继承编的解释（一）》

第十九条

对被继承人生活提供了主要经济来源，或者在劳务等方面给予了主要扶助的，应当认定其尽了主要赡养义务或主要扶养义务。

第二十三条

有扶养能力和扶养条件的继承人虽然与被继承人共同生活，但对需要扶养的被继承人不尽扶养义务，分配遗产时，可以少分或者不分。

11. Q：遗嘱继承与遗赠主要有什么区别？

A：获得遗产的主体和方式不同。

很多人听说过遗嘱继承，但是很少听说遗赠。无论是遗嘱还是遗赠，都是立遗嘱人自由处分个人遗产、体现立遗嘱人意愿的方式，因此，并不是只有法定继承人可以通过继承获得被继承人的遗产，非法定继承人或组织、单位也可以基于遗赠获得被继承人的遗产。

遗嘱继承和遗赠的主要区别是什么呢？

（1）获得遗产的主体不同

所谓"遗嘱继承"，就是被继承人立下遗嘱，指定由法定继承人的一人或者多人在被继承人死后继承其遗产。此时，继承遗产的主体必须是法定继承人。

所谓"遗赠"，是指被继承人立下遗嘱，明确将个人的财产在其死后赠与国家、集体或者法定继承人以外的组织、个人。也就是说，此时获得遗产的主体是非继承人的国家、集体、组织或个人。

（2）获得遗产的方式不同

对于继承人而言，继承开始后，只要继承人没有进行书面表示放弃继承的，视为接受继承。也就是说，继承人获得遗产并不需要主动表示同意继承，只要其不作书面放弃继承即可。

对于受遗赠人而言，其知道受遗赠后的60日内，主动作出接受遗赠的明示表示，才能获得遗产。也就是说，如果受遗赠人在上述期限内没有表示接受遗赠的，则即使被继承人订立了遗嘱向受遗赠人赠与遗产，受遗赠人也无法获得遗产，相关遗产将根据法定继承的相关法律规定由继承人继承。需要特别提醒的是，法律并未要求受遗赠人明示表示接受遗赠需要通过书面的方式，只要是明确表示接受遗赠即可。

【律师提醒】

受遗赠人在知道其受遗赠后的 60 日内需要作出同意接受遗赠的明示表示，否则其无法获得遗产，法律并未规定受遗赠人必须通过书面方式接受遗赠，只要明确表示愿意接受遗赠即可。

【关联法条】

《民法典》

第一千一百二十四条

继承开始后，继承人放弃继承的，应当在遗产处理前，以书面形式作出放弃继承的表示；没有表示的，视为接受继承。

受遗赠人应当在知道受遗赠后六十日内，作出接受或者放弃受遗赠的表示；到期没有表示的，视为放弃受遗赠。

《最高人民法院关于〈中华人民共和国民法典〉继承编的解释（一）》

第三十三条

继承人放弃继承应当以书面形式向遗产管理人或者其他继承人表示。

第三十四条

在诉讼中，继承人向人民法院以口头方式表示放弃继承的，要制作笔录，由放弃继承的人签名。

第三十五条

继承人放弃继承的意思表示，应当在继承开始后、遗产分割前作出。遗产分割后表示放弃的不再是继承权，而是所有权。

第三十六条

遗产处理前或者在诉讼进行中，继承人对放弃继承反悔的，由人民法院根据其提出的具体理由，决定是否承认。遗产处理后，继承人对放弃继承反悔的，不予承认。

第三十七条

放弃继承的效力，追溯到继承开始的时间。

第三十八条

继承开始后，受遗赠人表示接受遗赠，并于遗产分割前死亡的，其接受遗赠的权利转移给他的继承人。

第三十九条

由国家或者集体组织供给生活费用的烈属和享受社会救济的自然人，其遗产仍应准许合法继承人继承。

第四十四条

继承诉讼开始后，如继承人、受遗赠人中有既不愿参加诉讼，又不表示放弃实体权利的，应当追加为共同原告；继承人已书面表示放弃继承、受遗赠人在知道受遗赠后六十日内表示放弃受遗赠或者到期没有表示的，不再列为当事人。

12. Q：继承父母房子属于夫妻共同财产吗？

A：一般情况下是，但父母指定的例外。

在夫妻关系存续期间，一方继承了其父母遗留的房产，该房产到底是属于继承一方的个人财产，还是属于夫妻的共同财产呢？

根据《民法典》的相关规定，一般情况下，一方婚内继承的遗产属于夫妻的共同财产，但有一个例外，就是该遗产经过一方父母指定给自己儿女的，则不属于夫妻共同财产，而是属于一方的婚内个人财产。

那父母要如何将房屋指定给自己的儿女呢？

需要注意的是，法律并未规定父母将财产指定给儿女的具体方式。在司法实践中，我们会建议有这方面想法的父母前往公证处，做一份公证遗嘱，明确将房产指定给自己的儿女，这样既减少了争议，又方便儿女日后办理相关房屋继承的手续。

【律师提醒】

一般情况下，属于夫妻共同财产；但一方父母明确由自己的儿女继承的，则属于一方的个人财产。

【关联法条】

《民法典》

第一千零六十二条

夫妻在婚姻关系存续期间所得的下列财产，为夫妻的共同财产，归夫妻共同所有：

（一）工资、奖金、劳务报酬；

（二）生产、经营、投资的收益；

（三）知识产权的收益；

（四）继承或者受赠的财产，但是本法第一千零六十三条第三项规定的除外；

（五）其他应当归共同所有的财产。

夫妻对共同财产，有平等的处理权。

第一千零六十三条

下列财产为夫妻一方的个人财产：

（一）一方的婚前财产；

（二）一方因受到人身损害获得的赔偿或者补偿；

（三）遗嘱或者赠与合同中确定只归一方的财产；

（四）一方专用的生活用品；

（五）其他应当归一方的财产。

13. Q：继承人会丧失继承权吗？

A：会。

众所周知，继承人对被继承人的遗产具有继承权，但继承权是一直享有的吗？法律是否可以剥夺继承人的继承权呢？

答案是肯定的。

根据《民法典》的规定，如果继承人存在故意杀害、遗弃、虐待被继承人的；为争夺遗产而杀害其他继承人的；伪造、篡改、隐匿或者销毁遗嘱，情节严重的；以欺诈、胁迫手段迫使或者妨碍被继承人设立、变更或者撤回遗嘱，情节严重的，则丧失继承权。

上述规定的行为看似复杂，其实总体可以归纳为三部分：

第一部分，针对被继承人的行为。

即继承人存在侵害被继承人健康权、生命权行为的，或存在欺诈、胁迫手段迫使或者妨碍被继承人设立、变更或者撤回遗嘱的，继承人丧失继承权。

第二部分，针对遗嘱的行为。

即继承人存在伪造、篡改、隐匿或者销毁遗嘱的严重行为的，继承人丧失继承权。

第三部人，针对其他继承人。

即继承人存在为争夺遗产而杀害其他继承人的，继承人丧失继承权。

那么，继承人丧失继承权后，本应由其继承的遗产将如何处理呢？

根据《民法典》的规定，在此情况下，本应由其继承（无论是基于法定继承还是遗嘱继承）的遗产或遗产份额将按照法定继承的相关法律规定由其他具有继承权的继承人继承。

【律师提醒】

继承人存在法律规定的危害被继承人、其他继承人的人身安全，或对遗嘱有违法行为时，其继承权将会丧失。

【关联法条】

《民法典》

第一千一百二十五条

继承人有下列行为之一的，丧失继承权：

（一）故意杀害被继承人；

（二）为争夺遗产而杀害其他继承人；

（三）遗弃被继承人，或者虐待被继承人情节严重；

（四）伪造、篡改、隐匿或者销毁遗嘱，情节严重；

（五）以欺诈、胁迫手段迫使或者妨碍被继承人设立、变更或者撤回遗嘱，情节严重。

继承人有前款第三项至第五项行为，确有悔改表现，被继承人表示宽恕或者事后在遗嘱中将其列为继承人的，该继承人不丧失继承权。

受遗赠人有本条第一款规定行为的，丧失受遗赠权。

第一千一百五十四条

有下列情形之一的，遗产中的有关部分按照法定继承办理：

（一）遗嘱继承人放弃继承或者受遗赠人放弃受遗赠；

（二）遗嘱继承人丧失继承权或者受遗赠人丧失受遗赠权；

（三）遗嘱继承人、受遗赠人先于遗嘱人死亡或者终止；

（四）遗嘱无效部分所涉及的遗产；

（五）遗嘱未处分的遗产。

14. Q：丧偶儿媳、女婿可以继承公婆、岳父母的遗产吗？

A：符合法定条件的，可以。

儿媳、女婿与公婆、岳父母之间法律关系产生，是建立在其与配偶的婚姻关系之上的，很多人认为，既然配偶已经过世，丧偶儿媳、女婿与配偶的婚姻关系因此终结，而基于婚姻关系衍生的对公婆、岳父母的赡养义务也随之终结，既然已经没有了赡养义务，丧偶儿媳、女婿也就没有继承公婆、岳父遗产的权利了。

其实，在符合法定条件的情况下，丧偶的儿媳、女婿依然可以继承公婆、岳父母的遗产。

在现实生活中，我们曾听过这样的故事，丧偶的儿媳、女婿在配偶过世后，并没有弃公婆、岳父母而不顾，依然全心全意地照顾、赡养他们，甚至尽到主要的赡养义务，他们的行为符合我们国家传统的价值观，值得肯定，因此，国家在制定法律时，对这部分丧偶儿媳、女婿赋予了继承权，而且是第一顺序的继承权，等同其已离世的配偶。

【律师提醒】

只要对公婆、岳父母尽到主要赡养义务的，丧偶儿媳、女婿可依法具有继承人身份。

【关联法条】

《民法典》

第一千一百二十九条

丧偶儿媳对公婆，丧偶女婿对岳父母，尽了主要赡养义务的，作为第一顺序继承人。

15. Q：法律对侄甥的继承权是如何规定的？

A：被继承人的兄弟姐妹先于被继承人死亡时，被继承人的侄、甥对其遗产有代位继承权。

在《中华人民共和国继承法》中，规定了遗产的"代位继承权",即被继承人的子女(被代位继承人)先于被继承人死亡的,由被继承人子女的晚辈直系血亲代位继承。当时,"代位继承权"只有被继承人的孙辈享有。

而《民法典·继承编》在立法时,扩大了"代位继承权"的适用主体和范围:被继承人的兄弟姐妹先于被继承人死亡的,由被继承人的兄弟姐妹的子女代位继承。这就是全新的侄、甥代位继承权。

那么,这个制度在现实生活中是如何体现的呢?

举个例子:老张一生未婚未育,其年幼时父母已相继离世,其在世上唯一的亲人就是哥哥;哥哥育有一独生女儿张小姐。2020年8月,老张因病去世,其留下来的遗产包括一处房产和存款若干,依据继承的相关法律规定,老张的遗产,应当由第二顺位继承人的哥哥继承,但老张哥哥在2020年2月先于老张去世。此时,老张的遗产由谁继承呢?

根据《民法典》规定,老张的侄女张小姐可行使侄、甥代位继承权,代位继承老张遗留下的房产及存款。

【律师提醒】

被继承人的子女为第一顺序继承人,因此,被继承人子女的直系晚辈血亲在代位继承时以第一顺序继承人身份参与继承。

被继承人的兄弟姐妹为第二顺序继承人,因此,被继承人兄弟姐妹的子女在代位继承时是以第二顺序继承人身份参与继承。

只有被继承人遗产没第一顺序继承人继承,也没有子女的直系晚辈血亲代位继承时,侄、甥才能根据法律规定代位继承。

【关联法条】

《民法典》

第一千一百二十七条

遗产按照下列顺序继承：

（1）第一顺序：配偶、子女、父母；

（2）第二顺序：兄弟姐妹、祖父母、外祖父母。

继承开始后,由第一顺序继承人继承,第二顺序继承人不继承;没有第一顺序继承人继承的,由第二顺序继承人继承。

本编所称子女,包括婚生子女、非婚生子女、养子女和有扶养关系的继子女。

本编所称父母,包括生父母、养父母和有扶养关系的继父母。

本编所称兄弟姐妹,包括同父母的兄弟姐妹、同父异母或者同母异父的兄弟姐妹、养兄弟姐妹、有扶养关系的继兄弟姐妹。

第一千一百二十八条

被继承人的子女先于被继承人死亡的,由被继承人的子女的直系晚辈血亲代位继承。

被继承人的兄弟姐妹先于被继承人死亡的,由被继承人的兄弟姐妹的子女代位继承。

代位继承人一般只能继承被代位继承人有权继承的遗产份额。

16. Q：单身女性可以收养孩子吗？

A：单身也可以收养孩子。

当今社会经济越来越发达，人的观念也随之转变。最近，笔者收到不少高净值女性的咨询，称不想结婚或者没有遇到想共度一生的人，但自己想收养孩子，是否可行？

我国《民法典》关于收养的相关法律规定并未限制收养人的婚姻状况。也就是说，法律并不禁止单身人士收养孩子。

若单身人士想收养孩子，除了要符合《民法典》第一千零九十八条的规定外，还要特别注意什么呢？

首先，是年龄条件。

收养人必须年满30周岁，如果是收养异性子女，则收养人与被收养人的年龄应当相差40周岁以上。

其次，是收养的数量。

法律在收养孩子的数量方面有一定的限制，即无子女的收养人可以收养2名子女，否则只能收养1名，但收养孤儿、残疾儿童等则不受人数限制。

【律师提醒】

收养孩子要符合法定条件，收养人收养前请务必了解清楚。

【关联法条】

《民法典》

第一千零九十八条

收养人应当同时具备下列条件：

（一）无子女或者只有一名子女；

（二）有抚养、教育和保护被收养人的能力；

（三）未患有在医学上认为不应当收养子女的疾病；

（四）无不利于被收养人健康成长的违法犯罪记录；

（五）年满三十周岁。

第一千一百条

无子女的收养人可以收养两名子女；有子女的收养人只能收养一名子女。

收养孤儿、残疾未成年人或者儿童福利机构抚养的查找不到生父母的未成年人，可以不受前款和本法第一千零九十八条第一项规定的限制。

第一千一百零二条

无配偶者收养异性子女的，收养人与被收养人的年龄应当相差四十周岁以上。

17. Q：未婚生子，孩子怎么上户口？

A：提供孩子《出生医学证明》、父或母一方户口簿、非婚生育的说明，就可以申请入户。

随着社会经济的发展，有不少人选择不婚却仍希望有自己的孩子，在这种背景下造成了不少非婚生子的情况。

以往，相关部门以缴纳社会抚养费作为政策外或非婚生孩子上户口的条件，大量家庭因各种原因不愿或不能缴纳费用而无法帮孩子上户口。

2015年国务院办公厅发布意见，禁止设立不符合户口登记规定的任何前置条件。至此，非婚生子落户问题得到解决。

值得关注的是，以往的先征收社会抚养费再入户的做法，实际上违反了上位法的规定。我国《民法典》规定，非婚生子女与婚生子女享有同等的权利，任何组织或者个人不得加以危害和歧视。现在这种情况得到纠正，体现了法治的进步。

【律师提醒】

非婚生子女享有与婚生子女同等的权利，非婚生子女不用缴纳罚款也可以上户口。

【关联法条】

《民法典》

第一千零七十一条

非婚生子女享有与婚生子女同等的权利，任何组织或者个人不得加以危害和歧视。

不直接抚养非婚生子女的生父或者生母，应当负担未成年子女或者不能独立生活的成年子女的抚养费。

《国务院办公厅关于解决无户口人员登记户口问题的意见》

一、总体要求

（三）任务目标。进一步完善户口登记政策，禁止设立不符合户口登记规定的任何前置条件；加强户口登记管理，全面解决无户口人员登记户口问题，切实保障每个公民依法登记一个常住户口，努力实现全国户口和公民身份证号码准确性、唯一性、权威性的目标。

二、依法为无户口人员登记常住户口

（一）不符合计划生育政策的无户口人员。政策外生育、非婚生育的无户口人员，本人或者其监护人可以凭《出生医学证明》和父母一方的居民户口簿、结婚证或者非婚生育说明，按照随父随母落户自愿的政策，申请办理常住户口登记。申请随父落户的非婚生育无户口人员，需一并提供具有资质的鉴定机构出具的亲子鉴定证明。

18. Q：遗嘱中处分了不属于被继承人的财产，如何处理？

A：遗嘱处分国家、集体或者他人财产的部分无效。

遗嘱处分的应当是个人财产。在现实生活中，我们经常遇到夫或妻在立遗嘱时，将另一方的财产混在自己的财产中处分，导致该部分遗嘱无效。这种情况的发生，大多源于对夫妻共同财产及个人财产的理解不充分。如果遗嘱中处分了不属于自己的财产，那么处分这部分财产的遗嘱内容无效，但是不影响其他部分遗嘱的效力。

【律师提醒】

遗嘱处分的应当是遗嘱人的个人财产。处分不属于自己财产的，该部分遗嘱无效。

【关联法条】

《民法典》

第一千一百三十三条

自然人可以依照本法规定立遗嘱处分个人财产，并可以指定遗嘱执行人。

自然人可以立遗嘱将个人财产指定由法定继承人中的一人或者数人继承。

自然人可以立遗嘱将个人财产赠与国家、集体或者法定继承人以外的组织、个人。

自然人可以依法设立遗嘱信托。

《最高人民法院关于〈中华人民共和国民法典〉继承编的解释（一）》

第二十六条

遗嘱人以遗嘱处分了国家、集体或者他人财产的，应当认定该部分遗嘱无效。

19. Q：父母立遗嘱需要征得子女的同意吗？

A：不需要。

很多人以为父母立遗嘱要提前征得子女同意，还有人以为立遗嘱需要全家人甚至全家族的同意。但这都是误解。

所谓"立遗嘱",是行为人对于名下财产在自己过世以后如何归属、处分所作出的明确意思表示。归根结底,是一个行为人对名下财产在行使处分权,既然是处分自己的财物,又何须征得他人同意呢?

根据法律规定,自然人可以依据法律规定立遗嘱处分个人财产,而且,自然人还可以在法律规定的情况下,选择自书遗嘱、代书遗嘱、打印遗嘱、录音录像遗嘱、口头遗嘱、公证遗嘱等形式立遗嘱。

立遗嘱是行为人自己的事,不需他人同意。

【律师提醒】

遗嘱的设立是不需经过配偶、子女、祖孙辈或者整个家族的同意,行为人只要听从自己内心真实的意愿就可以了。

【关联法条】

《民法典》

第一千一百三十三条

自然人可以依照本法规定立遗嘱处分个人财产,并可以指定遗嘱执行人。

自然人可以立遗嘱将个人财产指定由法定继承人中的一人或者数人继承。

自然人可以立遗嘱将个人财产赠与国家、集体或者法定继承人以外的组织、个人。

自然人可以依法设立遗嘱信托。

第一千一百三十四条

自书遗嘱由遗嘱人亲笔书写,签名,注明年、月、日。

第一千一百三十五条

代书遗嘱应当有两个以上见证人在场见证,由其中一人代书,并由遗嘱人、代书人和其他见证人签名,注明年、月、日。

第一千一百三十六条

打印遗嘱应当有两个以上见证人在场见证。遗嘱人和见证人应当在遗嘱每一页签名,注明年、月、日。

第一千一百三十七条

以录音录像形式立的遗嘱,应当有两个以上见证人在场见证。遗嘱人和见证人应当在录音录像中记录其姓名或者肖像,以及年、月、日。

第一千一百三十八条

遗嘱人在危急情况下,可以立口头遗嘱。口头遗嘱应当有两个以上见证人在场见证。危急情况消除后,遗嘱人能够以书面或者录音录像形式立遗嘱的,所立的口头遗嘱无效。

第一千一百三十九条

公证遗嘱由遗嘱人经公证机构办理。

20. Q:继承了遗产,竟然要承担税费或债务?

A:是的。

在绝大多数人的认知里,继承是一项纯获利的行为,所以很多人认为放弃继承是一件不可思议的事情,万万没有放弃继承的道理，谁会这么傻放弃纯获利的权利呢？但我们有一句法谚：没有无权利的义务，也没有无义务的权利。权利和义务是相辅相成的。

根据《民法典》的相关规定，继承人或受遗赠人需要以其获得遗产实际价值为限，承担被继承人生前应当缴纳的税费和债务，如果超过遗产实际价值的部分，继承人可以选择承担或不承担。

我们曾遇到过这样的案例，小美的父亲常年在外做生意，小美的母亲一直以来专注于照顾家庭，对父亲的生意都很少过问，也不太清楚具体的情况。由于常年劳累，小美的父亲突然过世，留下了包括存款、股权和不动产在内看上去巨额的遗产，但当小美的母亲和小美完成继承上述遗产的手续时，小美父亲的债权人纷纷将小美及其母亲告上法庭要求母女二人还钱，原来小美的父亲为了维持经营早已负债累累，债务的金额甚至比遗产的实际价值还要高出很多。无奈，小美和小美母亲只能以继承遗产的实际价值偿还父亲生前的债务。

可见，如果选择继承遗产，就需要承担以遗产实际价值为限，为被继承人清偿税费或债务的责任。

有读者不禁要问，如果小美和小美母亲不继承遗产，是否就不用承担这些税费和债务了？答案是肯定的。根据《民法典》的相关规定，继承人放弃继承的，对被继承人依法应当缴纳的税款和债务可以不负清偿责任。

【律师提醒】

虽然继承遗产也需要承担被继承人生前拖欠的税费或者债务，但以继承的遗产为限。

【关联法条】
《民法典》
第一千一百五十九条

分割遗产，应当清偿被继承人依法应当缴纳的税款和债务；但是，应当为缺乏劳动能力又没有生活来源的继承人保留必要的遗产。

第一千一百六十一条

继承人以所得遗产实际价值为限清偿被继承人依法应当缴纳的税款和债务。超过遗产实际价值部分，继承人自愿偿还的不在此限。

继承人放弃继承的，对被继承人依法应当缴纳的税款和债务可以不负清偿责任。

第一千一百六十二条

执行遗赠不得妨碍清偿遗赠人依法应当缴纳的税款和债务。

第一千一百六十三条

既有法定继承又有遗嘱继承、遗赠的，由法定继承人清偿被继承人依法应当缴纳的税款和债务；超过法定继承遗产实际价值部分，由遗嘱继承人和受遗赠人按比例以所得遗产清偿。

21. Q：父母去世后，谁有义务养孩子？

A：有能力的祖父母、外祖父母、有能力的兄、姐。

父母是孩子的直接抚养人，绝大多数的孩子都是由父母抚养长大的。若父母不幸离世，谁有义务抚养未成年的孩子呢？

《民法典》对此进行了明确的规定，父母已经死亡的，以下两类人有义务抚养未成年的孩子：

一、有负担能力的祖父母、外祖父母

要形成祖孙之间的抚养关系，需要同时具备以下几个条件：①父母双方已死亡；②被抚养的孩子确实有困难需要被抚养；③祖辈具有承担抚养义务的能力，这里的能力需要综合评价，包括身体情况和经济状况。

二、有能力的兄、姐

要形成兄弟姐妹间的抚养关系，需要同时具备以下几个条件：①父母双方已死亡。②被抚养的孩子需是未成年人，即不满18周岁。也就是说，只要被抚养的孩子年满18周岁，兄、姐就不对其具有抚养义务。③兄、姐有负担能力，如果兄、姐自己本身虽已成年，但也仅仅是学生，并没有负担抚养未成年人能力的，也没有抚养未成年弟、妹的义务。

【律师提醒】

负有扶养义务的兄弟姐妹，还包括同父异母或同母异父兄弟姐妹、养兄弟姐妹和继兄弟姐妹。

【关联法条】

《民法典》

第一千零七十四条

有负担能力的祖父母、外祖父母，对于父母已经死亡或者父母无力抚养的未成年孙子女、外孙子女，有抚养的义务。

有负担能力的孙子女、外孙子女，对于子女已经死亡或者子女无力赡养的祖父母、外祖父母，有赡养的义务。

第一千零七十五条

有负担能力的兄、姐，对于父母已经死亡或者父母无力抚养的未成年弟、妹，有扶养的义务。

由兄、姐扶养长大的有负担能力的弟、妹，对于缺乏劳动能力又缺乏生活来源的兄、姐，有扶养的义务。

22. Q：养老金属于遗产吗？

A：属于。

我们讨论养老金是否属于遗产，首先需要了解什么是"遗产"？根据《民法典》的规定，所谓"遗产"，是自然人死亡时遗留的个人合法财产。那"养老金"又是什么呢？养老金，也就是退休金，是一种最主要的社会养老保险待遇，是在劳动者年老或丧失劳动能力后，根据他们对社会所作的贡献和所具备的享受养老保险资格或退休条件，按月或一次性以货币形式支付的保险待遇，主要用于保障职工退休后的基本生活需要。

可见，养老金本身就是自然人合法的、财产性的收益，属于自然人个人的合法财产，依法可以予以继承。

【律师提醒】

养老金属于遗产，可以继承，若在办理继承手续时发现被继承人仍有未支取的养老金可咨询有关部门提供材料进行提取后，方可继承。

【关联法条】

《中华人民共和国社会保险法》

第十四条　个人账户不得提前支取，记账利率不得低于银行定期存款利率，免征利息税。个人死亡的，个人账户余额可以继承。

第十五条　基本养老金由统筹养老金和个人账户养老金组成。

基本养老金根据个人累计缴费年限、缴费工资、当地职工平均工资、个人账户金额、城镇人口平均预期寿命等因素确定。

劳 动 篇

秉承着劳动最光荣的价值观,现代女性纷纷投身职场,成为一名光荣的劳动者。而如何能够保障自己作为劳动者的合法权益也成为现代女性不可或缺的法律知识。本篇为读者解答了众多职场热点问题,为现代女性的劳动权利保驾护航。

1. Q：怎么判断应聘的公司靠谱不靠谱？

A：做个调查吧。

时下经济环境多变，行业不断洗牌，不少实力不够的初创公司没做几年就关门了，员工也跟着失业。甚至有些公司游走在违法犯罪的边缘，东窗事发后，公司领导被抓了，员工也成为同案犯，不可谓不冤。

那求职者到底可以通过什么方法判断一家公司值不值得加入呢？除了薪酬待遇、口耳相传的行业美誉度、是否存在负面新闻等，还可以通过一些网络工具进行调查。

关于劳动纠纷。如果一个公司对员工很苛刻，那有可能会存在不少的劳动纠纷，或者一个公司负债过多随时面临倒闭的风险，可能已经有不少债权人把公司起诉了。这些纠纷的相关判决书可以通过——比如中国裁判文书网、天眼查等平台查阅。

关于违法经营。常见的违法经营行为包括制假售假、非法吸收公众存款、套路贷、传销等，很多人以为犯法的是公司领导，即使是公司有违法犯罪的行为，作为员工也不会有什么责任。其实不然，若入职的是制假售假的公司，或者套路贷公司、搞非法集资的公司等，关键岗位上的员工即使不是领导，也可能与公司一同被追究刑事责任。若遇到这种公司发出录用通知的时候，请直接拒绝，切勿加入。

那如何判断呢？例如，在入职之前，公司的主营业务可以在全国企业信用信息网等平台查询。当然，官方平台上，公司的营业范围是不可能注明自己是从事假冒伪劣商品的制售的，劳动者可以在面试相关职位时就顺便查看一下公司相关资质，看公司是真的授权代工厂，还是制假售假。又如，如果公司的业务过于夸大务虚，拓展模式和工资构成是通过拉人头来赚取奖金的，就要注意了，这很可能是传销。

另外，可以在面试的时候把自己关心的问题向面试官进行询问，从面试官的答案中确定企业是否靠谱。

【律师提醒】

中国裁判文书网、企业信用信息网、天眼查等平台可以好好查一查。

【关联法条】

《最高人民法院关于人民法院在互联网公布裁判文书的规定》

第二条

中国裁判文书网是全国法院公布裁判文书的统一平台。各级人民法院在本院政务网站及司法公开平台设置中国裁判文书网的链接。

第四条

人民法院作出的裁判文书有下列情形之一的，不在互联网公布：

（一）涉及国家秘密的；

（二）未成年人犯罪的；

（三）以调解方式结案或者确认人民调解协议效力的，但为保护国家利益、社会公共利益、他人合法权益确有必要公开的除外；

（四）离婚诉讼或者涉及未成年子女抚养、监护的；

（五）人民法院认为不宜在互联网公布的其他情形。

2. Q：就业遭受性别歧视，怎么办？

A：任何人认为公司侵犯了自己的平等就业权，都可以起诉至法院。

《中华人民共和国劳动法》《中华人民共和国妇女权益保障法》等相关法律、法规明确规定了妇女与男子享有平等的就业权。除了性别之外，法律也规定了不同民族、种族、宗教信仰的劳动者，也是平等的，这是我国平等就业权的体现。

任何人认为企业、他人侵犯了自己的平等就业权，都可以及时向侵权者要求停止侵权，并起诉至法院进行维权。

这种侵权行为，在法律上并没有规定明确的后果，一般来说，如果查明确实存在就业歧视，法院会适用《民法典》关于民事责任承担方式，责令公司承担停止侵权、消除影响、恢复名誉、赔礼道歉等责任，如果歧视行为严重到给被侵权人造成精神损害的，被侵权人也可以请求精神损害赔偿。

【律师提醒】

可以要求公司停止侵权、赔礼道歉，甚至赔偿精神损失。

【关联法条】

《中华人民共和国劳动法》

第三条

劳动者享有平等就业和选择职业的权利、取得劳动报酬的权利、休息休假的权利、获得劳动安全卫生保护的权利、接受职业技能培训的权利、享受社会保险和福利的权利、提请劳动争议处理的权利以及法律规定的其他劳动权利。

劳动者应当完成劳动任务，提高职业技能，执行劳动安全卫生规程，遵守劳动纪律和职业道德。

第十二条

劳动者就业，不因民族、种族、性别、宗教信仰不同而受歧视。

第十三条

妇女享有与男子平等的就业权利。在录用职工时，除国家规定的不适合妇女的工种或者岗位外，不得以性别为由拒绝录用妇女或者提高对妇女的录用标准。

3. Q："五险一金"到底是什么呢？

A：包括养老保险、医疗保险、失业保险、工伤保险和生育保险五个社会保险险种，以及住房公积金。

众所周知，"五险一金"是国家强制缴纳的，由企业与职工按规定缴纳，所以很多劳动者都很关心"五险一金"，那"五险一金"到底是什么呢？

"五险一金"包含养老保险、医疗保险、失业保险、工伤保险和生育保险五个社会保险险种，以及住房公积金。

对于"五险一金"需要特别强调以下几点。

关于生育保险。对于已经缴纳生育保险的职工，其未就业配偶也是可以按照国家规定享受生育医疗费用待遇的。所以，不要以为妻子有工作才享受国家的生育医疗费用待遇。

关于养老保险、医疗保险、工伤保险。企业可以不为非全日制用工的人员购买养老保险、医疗保险（上述两份保险可以由职工自行购买），但需要为其购买工伤保险，否则当上述人员发生工伤事件时，相关的损失需要由企业负责。

关于住房公积金。住房公积金是指用人单位和职工共同缴存的长期住房储金，属于职工个人所有，用人单位不能进行克扣。

最后，值得注意的是，社保的强制性不但体现在政府行政管理方面，也体现在《中华人民共和国劳动法》《中华人民共和国劳动合同法》等法律中。也就是说，如果用人单位不按规定为职工购买社保，职工除了可以向行政管理部门——比如劳动保障监察部门投诉要求单位补缴之外，还可以以此为理由单方与用人单位解除劳动合同并获得相关补偿金。

【律师提醒】
非全日制用工的工伤保险也是要由用人单位缴纳的。

【关联法条】
《中华人民共和国社会保险法》
第二条
国家建立基本养老保险、基本医疗保险、工伤保险、失业保险、生育保险等社会保险制度，保障公民在年老、疾病、工伤、失业、生育等情况下依法从国家和社会获得物质帮助的权利。

《关于非全日制用工若干问题的意见》

三、关于非全日制用工的社会保险

10. 从事非全日制工作的劳动者应当参加基本养老保险，原则上参照个体工商户的参保办法执行。对于已参加过基本养老保险和建立个人账户的人员，前后缴费年限合并计算，跨统筹地区转移的，应办理基本养老保险关系和个人账户的转移、接续手续。符合退休条件时，按国家规定计发基本养老金。

11. 从事非全日制工作的劳动者可以以个人身份参加基本医疗保险，并按照待遇水平与缴费水平相挂钩的原则，享受相应的基本医疗保险待遇。参加基本医疗保险的具体办法由各地劳动保障部门研究制定。

12. 用人单位应当按照国家有关规定为建立劳动关系的非全日制劳动者缴纳工伤保险费。从事非全日制工作的劳动者发生工伤，依法享受工伤保险待遇；被鉴定为伤残5—10级的，经劳动者与用人单位协商一致，可以一次性结算伤残待遇及有关费用。

《住房公积金管理条例》

第二十四条

职工有下列情形之一的，可以提取职工住房公积金账户内的存储余额：

（一）购买、建造、翻建、大修自住住房的；

（二）离休、退休的；

（三）完全丧失劳动能力，并与单位终止劳动关系的；

（四）出境定居的；

（五）偿还购房贷款本息的；

（六）房租超出家庭工资收入的规定比例的。

依照前款第（二）、（三）、（四）项规定，提取职工住房公积金的，应当同时注销职工住房公积金账户。

职工死亡或者被宣告死亡的，职工的继承人、受遗赠人可以提取职工住房公积金账户内的存储余额；无继承人也无受遗赠人的，职工住房公积金账户内的存储余额纳入住房公积金的增值收益。

第三十八条

违反本条例的规定，单位逾期不缴或者少缴住房公积金的，由住房公积金管理中心责令限期缴存；逾期仍不缴存的，可以申请人民法院强制执行。

4. Q："不买社保承诺书"可以让用人单位免责吗？

A：不能。

社会上存在一些不缴纳社保费的情况，有些是用人单位没有为劳动者缴纳，有些是劳动者出于自身原因考虑不愿意缴纳。

在这种情况下，用人单位为了免责，往往会让劳动者签署相关不缴纳社保费的承诺书。这类承诺书，真的可以让用人单位免责吗？

答案是不能的。

用人单位为劳动者缴纳社保，是《中华人民共和国社会保险法》等法律的强制性规定，不能由双方约定或者单方承诺放弃缴纳。如果用人单位未予缴纳，一旦劳动者在职期间发生工伤事故或者其他损伤导致损失，则用人单位应当承担工伤赔偿或本应由社保基金承担的费用。另外，劳动者有权随时向社会保险费征收机构要求用人单位补缴社保费。

【律师提醒】

用人单位为劳动者缴纳社保是法律的强制性规定，即便是劳动者自愿放弃购买社保的，用人单位也不能免责。

【关联法条】

《最高人民法院关于审理劳动争议案件适用法律问题解释（一）》

第一条

劳动者与用人单位之间发生的下列纠纷，属于劳动争议，当事人不服劳动争议仲裁机构作出的裁决，依法提起诉讼的，人民法院应予受理：

（五）劳动者以用人单位未为其办理社会保险手续，且社会保险经办机构不能补办导致其无法享受社会保险待遇为由，要求用人单位赔偿损失发生的纠纷；

《中华人民共和国社会保险法》

第四条

中华人民共和国境内的用人单位和个人依法缴纳社会保险费，有权查询缴费记录、个人权益记录，要求社会保险经办机构提供社会保险咨询等相关服务。

个人依法享受社会保险待遇，有权监督本单位为其缴费情况。

第八十六条

用人单位未按时足额缴纳社会保险费的，由社会保险费征收机构责令限期缴纳或者补足，并自欠缴之日起，按日加收万分之五的滞纳金；逾期仍不缴纳的，由有关行政部门处欠缴数额一倍以上三倍以下的罚款。

5. Q：未签订劳动合同的二倍工资，如何计算？

A：

新建立劳动关系

情况一：1年内未签订劳动合同

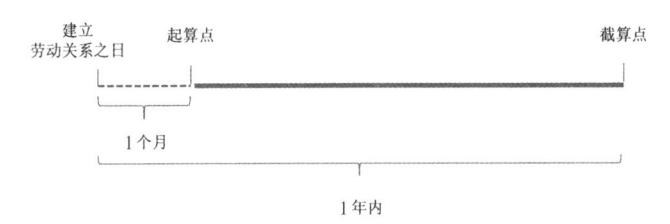

计算公式：2倍工资 = 11个月 × 月工资 × 2 （注：此处2倍工资含原来应支付的工资）

情况二：1年内签订劳动合同

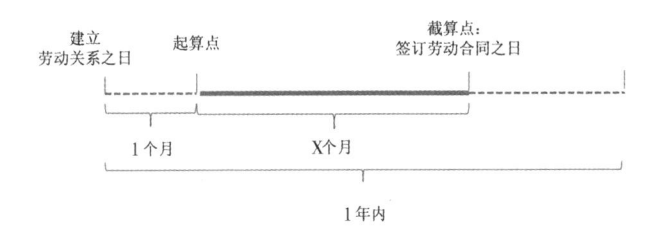

计算公式：2倍工资 = X个月 × 月工资 ×2（注：此处2倍工资含原来应支付的工资）

一、计算期间

未签订劳动合同的2倍工资，最多可以计算11个月。

不过，申请劳动仲裁要受一年的时效限制。也就是说，这11个月2倍工资的申请，要在起计后1年内提出，否则就可能会丧失胜诉权。

注意：应当签订无固定期限劳动合同而未签订的情况下，则是自应当订立之日起计算2倍工资，且没有限制期间，不过它的提出仍应受1年劳动仲裁时效的限制。

二、工资认定

实践中，2倍工资是否应当包括奖金、提成、加班费等费用存在争议，需要具体案件具体分析。

【律师提醒】

如果用人单位未与劳动者签订书面劳动合同，劳动者应当及时维权，切勿超过劳动仲裁时效。

【关联法条】

《中华人民共和国劳动合同法》

第八十二条

用人单位自用工之日起超过一个月不满一年未与劳动者订立书面劳动合同的，应当向劳动者每月支付二倍的工资。

用人单位违反本法规定不与劳动者订立无固定期限劳动合同的，自应当订立无固定期限劳动合同之日起向劳动者每月支付二倍的工资。

《中华人民共和国劳动合同法实施条例》

第七条

用人单位自用工之日起满一年未与劳动者订立书面劳动合同的,自用工之日起满一个月的次日至满一年的前一日应当依照劳动合同法第八十二条的规定向劳动者每月支付两倍的工资,并视为自用工之日起满一年的当日已经与劳动者订立无固定期限劳动合同,应当立即与劳动者补订书面劳动合同。

《关于工资总额组成的规定》

第四条

工资总额由下列六个部分组成:

(一)计时工资;

(二)计件工资;

(三)奖金;

(四)津贴和补贴;

(五)加班加点工资;

(六)特殊情况下支付的工资。

第七条

奖金是指支付给职工的超额劳动报酬和增收节支的劳动报酬。包括:

(一)生产奖;

(二)节约奖;

(三)劳动竞赛奖;

(四)机关、事业单位的奖励工资;

(五)其他奖金。

6. Q：劳动者主动拒绝签订书面劳动合同，用人单位就能免除相关法律责任吗？

A：司法实践中，很可能不支持用人单位免责。

《中华人民共和国劳动合同法》规定，用人单位与劳动者在建立劳动关系之日起 1 个月内就必须订立劳动合同。

很多用人单位以为，只要是劳动者自愿不签或主动拒绝签订劳动合同，用人单位就可以免除相关的法律责任，但这是误解。

司法实践中，无论是用人单位的原因没有与劳动者签订劳动合同，还是劳动者拒绝签订劳动合同，用人单位大概率要承担相应的法律责任。

那用人单位遇到劳动者坚决不签订劳动合同，该怎么办？笔者建议用人单位尽快解除劳动关系。

【律师提醒】

用人单位应当管控劳动合同的签署并及时与劳动者签订劳动合同。

【关联法条】

《中华人民共和国劳动合同法》

第十条

建立劳动关系，应当订立书面劳动合同。

已建立劳动关系，未同时订立书面劳动合同的，应当自用工之日起一个月内订立书面劳动合同。

用人单位与劳动者在用工前订立劳动合同的，劳动关系自用工之日起建立。

第八十二条

用人单位自用工之日起超过一个月不满一年未与劳动者订立书面劳动合同的，应当向劳动者每月支付二倍的工资。

用人单位违反本法规定不与劳动者订立无固定期限劳动合同的，自应当订立无固定期限劳动合同之日起向劳动者每月支付二倍的工资。

《中华人民共和国劳动合同法实施条例》

第五条

自用工之日起一个月内，经用人单位书面通知后，劳动者不与用人单位订立书面劳动合同的，用人单位应当书面通知劳动者终止劳动关系，无需向劳动者支付经济补偿，但是应当依法向劳动者支付其实际工作时间的劳动报酬。

第六条

用人单位自用工之日起超过一个月不满一年未与劳动者订立书面劳动合同的，应当依照劳动合同法第八十二条的规定向劳动者每月支付两倍的工资，并与劳动者补订书面劳动合同；劳动者不与用人单位订立书面劳动合同的，用人单位应当书面通知劳动者终止劳动关系，并依照劳动合同法第四十七条的规定支付经济补偿。

前款规定的用人单位向劳动者每月支付两倍工资的起算时间为用工之日起满一个月的次日，截止时间为补订书面劳动合同的前一日。

7. Q："试用期劳动合同"是合法的吗？

A：不合法。

根据《劳动法》的规定，用人单位在试用期解除劳动合同的条件是相对宽松的。所以，有些用人单位想在"试用期"上做文章，比如在一份劳动合同中只约定试用期，或者当劳动者试用期满后要求其重新签订另一份带有试用期的劳动合同等，以规避法律责任。

这种做法，法律不允许。法律不允许用人单位与劳动者签订只有试用期的劳动合同。

《劳动合同法》规定，如果一份劳动合同里仅约定试用期的，则该所谓的试用期不成立。也就是说，如果用人单位与劳动者只签订"试用期劳动合同"，则这份劳动合同相当于没有试用期，而法律规定的试用期中用人单位可以享受的某些权利，也随之丧失。

另外，法律也规定，同一用人单位与同一劳动者只能约定一次试用期，如果之前双方已经约定过试用期，无论劳动者是在劳动期满后续签劳动合同，还是跳槽去其他单位再重新入职这个单位，新签订的劳动合同都不能再次约定试用期。

【律师提醒】

如果一份劳动合同里仅约定试用期的，则该所谓的试用期不成立。需要注意的是，同一用人单位与同一劳动者只能约定一次试用期。

【关联法条】

《中华人民共和国劳动合同法》

第十九条

劳动合同期限三个月以上不满一年的,试用期不得超过一个月;劳动合同期限一年以上不满三年的,试用期不得超过二个月;三年以上固定期限和无固定期限的劳动合同,试用期不得超过六个月。

同一用人单位与同一劳动者只能约定一次试用期。

以完成一定工作任务为期限的劳动合同或者劳动合同期限不满三个月的,不得约定试用期。

试用期包含在劳动合同期限内。劳动合同仅约定试用期的,试用期不成立,该期限为劳动合同期限。

8. Q:连续签订两次固定期限劳动合同后,必须签订无固定期限劳动合同吗?

A:不一定。

根据《劳动合同法》的规定,用人单位与劳动者在协商一致的情况下,可以不签订"无固定期限劳动合同"。

"无固定期限劳动合同"制度的实施初期,被不少用人单位视为洪水猛兽,它们认为无固定期限劳动合同有很多弊端,特别是会加重用人单位的责任,因此想方设法逃避与劳动者签订无固定期限劳动合同。

事实上,即使已经满足签订无固定期限劳动合同的条件,只要劳动者愿意,双方也可以签订固定期限劳动合同。

【律师提醒】

满足签订无固定期限劳动合同的条件下,是否要签订无固定期限劳动合同,主要看劳动者的意愿。

【关联法条】

《中华人民共和国劳动合同法》

第十四条

无固定期限劳动合同,是指用人单位与劳动者约定无确定终止时间的劳动合同。

用人单位与劳动者协商一致,可以订立无固定期限劳动合同。有下列情形之一,劳动者提出或者同意续订、订立劳动合同的,除劳动者提出订立固定期限劳动合同外,应当订立无固定期限劳动合同:

(一)劳动者在该用人单位连续工作满十年的;

(二)用人单位初次实行劳动合同制度或者国有企业改制重新订立劳动合同时,劳动者在该用人单位连续工作满十年且距法定退休年龄不足十年的;

(三)连续订立二次固定期限劳动合同,且劳动者没有本法第三十九条和第四十条第一项、第二项规定的情形,续订劳动合同的。

用人单位自用工之日起满一年不与劳动者订立书面劳动合同的,视为用人单位与劳动者已订立无固定期限劳动合同。

《中华人民共和国劳动合同法实施条例》

第十一条

除劳动者与用人单位协商一致的情形外,劳动者依照劳动合同法第十四条第二款的规定,提出订立无固定期限劳动合同的,用人单位应当与其订立无固定期限劳动合同。对劳动合同的内容,双方应当按照合法、公平、平等自愿、协商一致、诚实信用的原则协商确定;对协商不一致的内容,依照劳动合同法第十八条的规定执行。

9. Q:没有签订劳动合同就不存在劳动关系了吗?

A:判断劳动关系并不仅仅看劳动合同。

许多劳动者在面对劳动争议时,会疑惑,没有劳动合同就无法认定劳动关系成立了吗?不是的。

用人单位与劳动者之间是否存在劳动关系,并不仅仅看是否有劳动合同,还要审查以下几点:

(1)用人单位必须符合法律规定的主体资格。比如,某一个个人聘请阿姨搞卫生,此时,聘用者不属于法律意义上的用人单位。

(2)用人单位与劳动者之间应当有管理与被管理的关系。比如一个公司将一项工作发包给一个个人,而该个人并不接受公司的管理(如不用上班打卡、不受公司规章制度约束等),那么,这个公司与该个人之间很可能并不构成劳动关系。

(3)用人单位提供的工作岗位必须是业务的组成部分。比如,一个纺织公司聘请劳务人员在厂区另外加建了一个临时建筑物，这个加建建筑物的行为就不是这个公司业务的组成部分，该公司与劳务人员之间不因此构成劳动关系。

那么，用人单位未与劳动者签订劳动合同，劳动者如何证明双方之间构成劳动关系呢？一般来说，劳动者要提供工资给付的银行流水、上下班打卡记录、工作证、同事的证言或者日常工作情况（如公司内部员工邮件、员工名册等）的记录等材料，具体材料的准备依个案而定，劳动者在提供劳动的过程中务必注意收集。

【律师提醒】

证明劳动关系存在的证据，需要劳动者在劳动过程中注意保留，以防产生纠纷后无法收集。

【关联法条】

《关于确立劳动关系有关事项的通知》

一、用人单位招用劳动者未订立书面劳动合同，但同时具备下列情形的，劳动关系成立。

（一）用人单位和劳动者符合法律、法规规定的主体资格；

（二）用人单位依法制定的各项劳动规章制度适用于劳动者，劳动者受用人单位的劳动管理，从事用人单位安排的有报酬的劳动；

（三）劳动者提供的劳动是用人单位业务的组成部分。

二、用人单位未与劳动者签订劳动合同，认定双方存在劳动关系时可参照下列凭证：

（一）工资支付凭证或记录（职工工资发放花名册）、缴纳各项社会保险费的记录；

（二）用人单位向劳动者发放的"工作证"、"服务证"等能够证明身份的证件；

（三）劳动者填写的用人单位招工招聘"登记表"、"报名表"等招用记录；

（四）考勤记录；

（五）其他劳动者的证言等。

其中，（一）（三）（四）项的有关凭证由用人单位负举证责任。

10. Q：用人单位要求劳动者几年内不能结婚生子，合法吗？

A：不合法。

有些用人单位要求劳动者入职的时候签订"不婚/不孕承诺书"，或者在劳动合同中直接约定入职后几年内不能结婚生子，引发了社会的广泛关注，也让很多劳动者感觉不公平。

事实上，这样的承诺或者约定，是无效的。

婚姻自由是宪法赋予个人的权利，意味着任何人（包括用人单位）都不能干预他人结婚、不结婚、与谁结婚、什么时候结婚。而生育权在宪法及相关计划生育法律及政策的框架内，也不容用人单位随意干涉。用人单位在劳动合同或者规章制度中限制劳动者的婚姻、生育等权利，都是无效的，通俗来说，写了也白写。

【律师提醒】

劳动者的婚育自由不容任何人或任何组织（包括用人单位）干预。

【关联法条】

《中华人民共和国妇女权益保障法》

第二十三条

各单位在录用职工时，除不适合妇女的工种或者岗位外，不得以性别为由拒绝录用妇女或者提高对妇女的录用标准。

各单位在录用女职工时，应当依法与其签订劳动（聘用）合同或者服务协议，劳动（聘用）合同或者服务协议中不得规定限制女职工结婚、生育的内容。

禁止录用未满十六周岁的女性未成年人，国家另有规定的除外。

《女职工劳动保护特别规定》

第四条

用人单位不得因女职工怀孕、生育、哺乳降低其工资、予以辞退、与其解除劳动或者聘用合同。

11. Q：用人单位把我调到其他地方工作，我可以拒绝吗？

A：要结合劳动合同的约定及劳动者的劳动成本等综合分析。

用人单位在履行劳动合同过程中，有可能会要求劳动者调整工作地点,劳动者能否拒绝这种工作调动呢?视情况而定。

一般来说,如果劳动合同约定了用人单位可以随时调整劳动者的工作地点,劳动者在入职时也明确知道工作地点变动的可能性,那法院有可能认为双方对工作地点的调整达成了一致,此时劳动者是不能拒绝这种调动的。

如果劳动合同的约定比较模糊,用人单位将劳动者调往劳动者入职时以外的工作地点的,法院则会将是否增加劳动者的劳动成本(比如通勤时间、生活成本等)作为裁判的重点考量依据。比如,调整前后两个工作地点相距不远,且用人单位提供了交通补贴、工作时长调整等便利的,此时劳动者拒绝调整工作地点,可能不被法院支持。反之,如果新的工作地点对劳动者通勤或者生活带来极大的不便,用人单位也无法解决这种不便利或者未能提供合理的补偿,法院一般不会认可用人单位调整工作地点的行为。

【律师提醒】

司法实践中,法官会综合考虑多方面因素来认定用人单位调整工作地点的行为是否合法合理。

【关联法条】
《劳动合同法》
第二十九条
用人单位与劳动者应当按照劳动合同的约定,全面履行各自的义务。

第三十五条

用人单位与劳动者协商一致，可以变更劳动合同约定的内容。变更劳动合同，应当采用书面形式。

变更后的劳动合同文本由用人单位和劳动者各执一份。

12. Q：用人单位有责任防治职场性骚扰吗？

A：有。

用人单位与劳动者之间的关系，并不是纯粹平等的民事主体之间的关系。比如，用人单位应当为劳动者提供安全的劳动环境，应当对劳动者与工作岗位相关的行为进行一定的管束，保证劳动者合法权益不受侵害等。

对于职场性骚扰，《民法典》创新性地明确了用人单位的相关预防、处置责任。用人单位有义务采取有效的预防措施，及时受理员工遭受性骚扰的投诉并进行及时调查处置。

用人单位在职场性骚扰事件中，绝不是旁观者，更不能是包庇者、纵容者甚至是始作俑者，而应该是被性骚扰一方的保护者。用人单位未尽相关预防、处置义务的，应当承担相应的法律责任。

笔者认为，用人单位在职场性骚扰事件中摆正自己的位置，合理预防、处置职场性骚扰事件，惩戒性骚扰施害者，既符合社会主义核心价值观，也符合全体员工甚至是广大群众心目中的道德情操，更符合法律规定，是值得被肯定的。

尽管《民法典》和《劳动法》都没有进一步细化用人单位在职场性骚扰事件中的处置权限，但作为管理者，用人单位可以通过劳动合同、员工手册、单位规章制度等明确实施性骚扰者的相应后果，从而逐步形成一个完整处理性骚扰的合规流程。

女性在职场上的参与度越来越高，如何保护自己远离性骚扰，用人单位如何正确处理性骚扰事件至关重要。

2021年3月，为推动用人单位建立防治职场性骚扰机制，全国妇联权益部推出了《防治职场性骚扰指导手册》，读者可以自行前往官网下载。

无论是职场女性，还是用人单位，都可以从该手册上学习什么是性骚扰？如何防治性骚扰？用人单位如何构建防治职场性骚扰机制，更好地保护自身以及员工的合法权益。

【律师提醒】

用人单位有义务合理预防及处理员工被性骚扰事件。

为了防止用工风险，对职场性骚扰事件的处置手段，最好通过劳动合同、员工手册、规章制度等予以明确。

【关联法条】

《民法典》

第一千零一十条

违背他人意愿，以言语、文字、图像、肢体行为等方式对他人实施性骚扰的，受害人有权依法请求行为人承担民事责任。

机关、企业、学校等单位应当采取合理的预防、受理投诉、调查处置等措施，防止和制止利用职权、从属关系等实施性骚扰。

13. Q：参与公司的股权激励，要注意什么？

A：企业股权激励制度、持股对象及比例、计算公式以及退出机制。

股权激励，是企业为了激励和留住核心人才而推行的一种长期激励机制，是最常用的激励员工的方法之一。股权激励的方式多种多样，每个企业设置的股权激励制度都不同，约定的股权激励条款也有所不同，但无论是何种股权激励方案，都是以激励员工为目的，最直接的体现就是把"股权"变现。因此，在参与公司股权激励的过程中，应当注意审查以下内容：

（1）企业股权激励制度

劳动者在审查股权激励协议之外，还要主要看企业的股权激励制度，该制度也和股权激励协议一样约束单位与劳动者。

（2）持股对象、持股比例

劳动者在参与股权激励时需要明确自己持股的是具体哪个企业主体，持股的比例是多少。

（3）计算公式

劳动者在参与股权激励时需要审查股权获益的计算公式，要重点审查股权利益计算的基数，要分析是否具有可实际操作性，不要被花里胡哨的文字迷惑。

（4）退出机制

成熟的股权激励机制都会对劳动者设置退出机制，例如，什么情况下劳动者将不享有股权激励机制带来的红利。

【律师提醒】

不要被花里胡哨的文字迷惑，要着重审查企业股权激励制度、持股对象及比例、计算公式以及退出机制。

【关联法条】

《中华人民共和国公司法》

第一百四十二条

公司不得收购本公司股份。但是，有下列情形之一的除外：

（一）减少公司注册资本；

（二）与持有本公司股份的其他公司合并；

（三）将股份用于员工持股计划或者股权激励；

（四）股东因对股东大会作出的公司合并、分立决议持异议，要求公司收购其股份；

（五）将股份用于转换上市公司发行的可转换为股票的公司债券；

（六）上市公司为维护公司价值及股东权益所必需。

公司因前款第（一）项、第（二）项规定的情形收购本公司股份的，应当经股东大会决议；公司因前款第（三）项、第（五）项、第（六）项规定的情形收购本公司股份的，可以依照公司章程的规定或者股东大会的授权，经三分之二以上董事出席的董事会会议决议。

公司依照本条第一款规定收购本公司股份后，属于第

（一）项情形的，应当自收购之日起十日内注销；属于第（二）项、第（四）项情形的，应当在六个月内转让或者注销；属于第（三）项、第（五）项、第（六）项情形的，公司合计持有的本公司股份数不得超过本公司已发行股份总额的百分之十，并应当在三年内转让或者注销。

上市公司收购本公司股份的，应当依照《中华人民共和国证券法》的规定履行信息披露义务。上市公司因本条第一款第（三）项、第（五）项、第（六）项规定的情形收购本公司股份的，应当通过公开的集中交易方式进行。

公司不得接受本公司的股票作为质押权的标的。

14. Q：竞业禁止是什么？

A：是企业高管、高级技术人才、保密人员的从业限制制度。

所谓"竞业禁止"，是指根据法律规定或劳动合同、保密协议禁止劳动者在本单位任职期间同时兼职于与其所在单位有业务竞争的单位，或禁止他们在原单位离职后从业于与原单位有业务竞争的单位，包括创建与原单位业务范围相同的企业。

对于竞业禁止要注意以下几点：

（1）适用主体

"竞业禁止"的适用主体主要是企业内的高级管理人员、高级技术人员和其他负有保密义务的人。也就是说，即使不是高管或者高级技术人员，但对业务负有保密义务对人，也一样受到"竞业禁止"制度的约束。所以,不是合同中的"竞业禁止"条款适用所有劳动者。

(2)适用范围

法律并未对竞业禁止的范围、地域、期限等进行明确规定;相反,法律对此给予了较大的自由度,可以由用人单位与劳动者协商一致后约定。

(3)期限

"竞业禁止"的限制期限是在解除或者终止劳动合同后,不超过2年内。

【律师提醒】

竞业禁止除了法定的情形,还可以通过约定对劳动者进行约束,因此,竞业禁止的合同或条款非常重要。

【关联法条】

《中华人民共和国劳动合同法》

第二十三条

用人单位与劳动者可以在劳动合同中约定保守用人单位的商业秘密和与知识产权相关的保密事项。

对负有保密义务的劳动者,用人单位可以在劳动合同或者保密协议中与劳动者约定竞业限制条款,并约定在解除或者终止劳动合同后,在竞业限制期限内按月给予劳动者经济补偿。劳动者违反竞业限制约定的,应当按照约定向用人单位支付违约金。

第二十四条

竞业限制的人员限于用人单位的高级管理人员、高级技术人员和其他负有保密义务的人员。竞业限制的范围、地域、期限由用人单位与劳动者约定，竞业限制的约定不得违反法律、法规的规定。

在解除或者终止劳动合同后，前款规定的人员到与本单位生产或者经营同类产品、从事同类业务的有竞争关系的其他用人单位，或者自己开业生产或者经营同类产品、从事同类业务的竞业限制期限，不得超过二年。

第二十五条

除本法第二十二条和第二十三条规定的情形外，用人单位不得与劳动者约定由劳动者承担违约金。

15. Q：工伤事故从认定工伤到最终获得工伤赔偿要走哪些法定程序？

A：

（1）发生工伤事故后1个月内，用人单位向社会保险行政部门申请。

（2）用人单位不申请的，劳动者（工亡的，则由劳动者的近亲属申请，下同）自行在工伤事故发生后1年内向社会保险行政部门申请。

（3）若用人单位与劳动者之间的劳动关系不明确，劳动者向社会保险行政部门申请认定工伤时，社保部门会出具《工伤认定中止通知书》，此时劳动者应当向劳动仲裁部门提起确认劳动关系的劳动仲裁。

（4）劳动仲裁（或法院一审、二审）等确认劳动关系的程序完结后，若生效裁决或者判决确认用人单位与劳动者之间存在劳动关系的，劳动者再向社会保险行政部门申请认定工伤。

（5）社会保险行政部门的工伤认定属于具体行政行为，劳动者或者用人单位均有权依照行政复议、行政诉讼流程对工伤认定结论（结论一般分为四种：工伤、非工伤、视同工伤、不视同工伤）提出异议。

（6）若工伤认定结论是属于工伤或视同工伤，还要进行劳动能力鉴定。

（7）用人单位不支付工伤赔偿的，劳动者应当再次向劳动仲裁部门申请劳动仲裁。对于劳动仲裁的裁决书，劳动者或者用人单位也是可以起诉至法院，进行一审、二审的审理。

（8）认定工伤后，生效的裁决书或者判决书作出后，若用人单位仍然不支付相关赔偿的，劳动者可向法院申请强制执行。

大致流程图示如下：

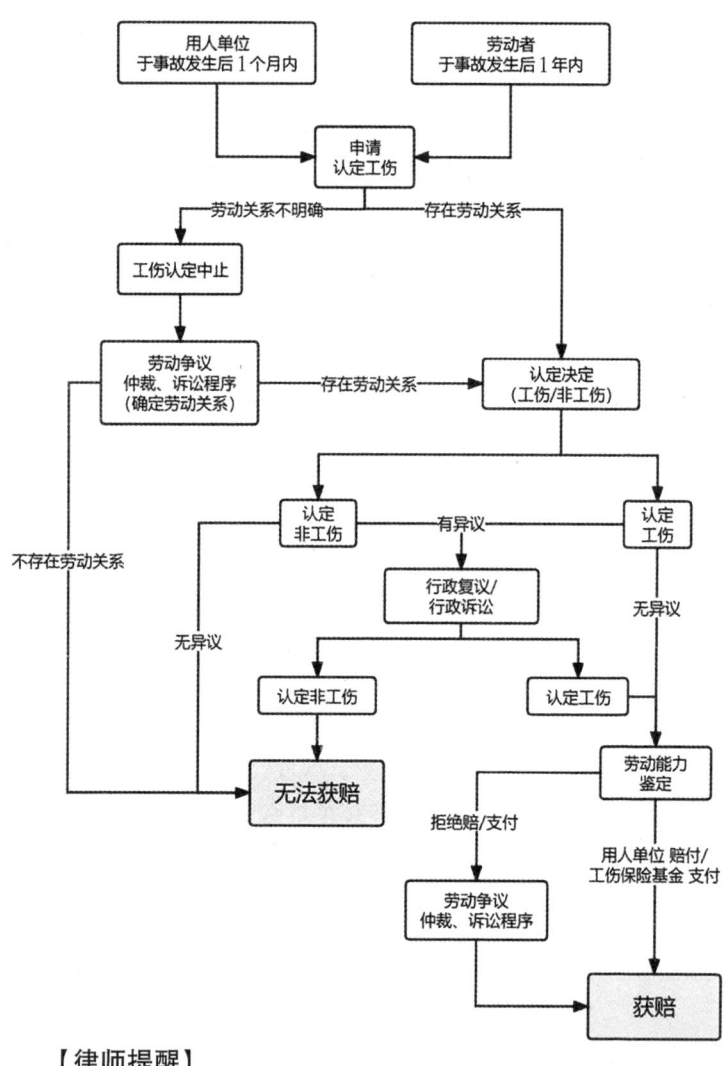

```
         用人单位                        劳动者
      于事故发生后1个月内            于事故发生后1年内
            │                              │
            └──────────→ 申请 ←─────────────┘
                        认定工伤
                   ┌───────┴────────┐
           劳动关系不明确          存在劳动关系
                   │                    │
              工伤认定中止               │
                   │                    │
              劳动争议                   │
              仲裁、诉讼程序 ─存在劳动关系→ 认定决定
              (确定劳动关系)             (工伤/非工伤)
                   │                ┌───┴────┐
           不存在劳动关系          认定        认定
                   │              非工伤       工伤
                   │          ┌──有异议──┤      │
                   │          │          │     无异议
                   │          │     行政复议/    │
                   │          │     行政诉讼     │
                   │        无异议    ┌──┴──┐   │
                   │          │   认定非工伤 认定工伤
                   │          │      │        │
                   ↓          ↓      ↓     劳动能力
                【无法获赔】            拒绝赔/支付  鉴定
                                      │        │
                                   劳动争议   用人单位 赔付/
                                   仲裁、诉讼程序  工伤保险基金 支付
                                              │
                                          【获赔】
```

【律师提醒】

工伤事故从认定工伤到取得工伤赔偿的全过程比较复杂，有些劳动者或家属甚至需要把上述提到的所有程序都走完才能

拿到赔偿，因此，在相关程序中要结合自身情况善用调解程序的功能。

【关联法条】
《工伤保险条例》
第十七条

职工发生事故伤害或者按照职业病防治法规定被诊断、鉴定为职业病，所在单位应当自事故伤害发生之日或者被诊断、鉴定为职业病之日起30日内，向统筹地区社会保险行政部门提出工伤认定申请。遇有特殊情况，经报社会保险行政部门同意，申请时限可以适当延长。

用人单位未按前款规定提出工伤认定申请的，工伤职工或者其近亲属、工会组织在事故伤害发生之日或者被诊断、鉴定为职业病之日起1年内，可以直接向用人单位所在地统筹地区社会保险行政部门提出工伤认定申请。

按照本条第一款规定应当由省级社会保险行政部门进行工伤认定的事项，根据属地原则由用人单位所在地的设区的市级社会保险行政部门办理。

用人单位未在本条第一款规定的时限内提交工伤认定申请，在此期间发生符合本条例规定的工伤待遇等有关费用由该用人单位负担。

第二十条

社会保险行政部门应当自受理工伤认定申请之日起60日内作出工伤认定的决定，并书面通知申请工伤认定的职工或者其近亲属和该职工所在单位。

社会保险行政部门对受理的事实清楚、权利义务明确的工伤认定申请,应当在15日内作出工伤认定的决定。

作出工伤认定决定需要以司法机关或者有关行政主管部门的结论为依据的,在司法机关或者有关行政主管部门尚未作出结论期间,作出工伤认定决定的时限中止。

社会保险行政部门工作人员与工伤认定申请人有利害关系的,应当回避。

第五十五条

有下列情形之一的,有关单位或者个人可以依法申请行政复议,也可以依法向人民法院提起行政诉讼:

(一)申请工伤认定的职工或者其近亲属、该职工所在单位对工伤认定申请不予受理的决定不服的;

(二)申请工伤认定的职工或者其近亲属、该职工所在单位对工伤认定结论不服的;

(三)用人单位对经办机构确定的单位缴费费率不服的;

(四)签订服务协议的医疗机构、辅助器具配置机构认为经办机构未履行有关协议或者规定的;

(五)工伤职工或者其近亲属对经办机构核定的工伤保险待遇有异议的。

16. Q:怀孕真的是免辞退金牌吗?

A:不是。

现代女性身兼多职,既要做职场上的精英,又要做贤妻良母,很多职场女性在生育之后仍然选择回归职场。法律为了保障女性的平等就业权,特别规定了用人单位不得以劳动者患病或非因工负伤、劳动者不能胜任工作、订立劳动合同时的客观情况发生重大变化、濒临破产需要裁员等为由与在孕期、产假、哺乳期内的女职工解除劳动合同。而在孕产期内,女职工的劳动合同届满的,用人单位需要到女职工哺乳期满才能与女职工解除劳动合同。

很多人认为,上述的法律规定代表着怀孕、哺乳期就是免辞退金牌,真的是这样吗?

不是的。

虽然法律规定了,用人单位不能轻易解雇孕产、哺乳期的女职工,但如果女职工发生劳动合同法第三十九条规定的情形的,用人单位仍然可以依法解除劳动合同:(1)试用期间内不符合录用条件的;(2)严重违反用人单位的规章制度的;(3)严重失职,营私舞弊,给用人单位造成重大损害的;(4)同时与其他用人单位建立劳动关系,对完成本单位的工作任务造成严重影响,或者经用人单位提出,拒不改正的;(5)因以欺诈、胁迫的手段或者乘人之危,使用人单位在违背真实意思的情况下订立或者变更劳动合同的且导致劳动合同无效的;(6)被依法追究刑事责任的。

【律师提醒】

怀孕也不是免辞退金牌,如果遭遇孕产期被解雇,要注意合理维权。

【关联法条】

《中华人民共和国劳动合同法》

第三十九条

劳动者有下列情形之一的,用人单位可以解除劳动合同:

(一)在试用期间被证明不符合录用条件的;

(二)严重违反用人单位的规章制度的;

(三)严重失职,营私舞弊,给用人单位造成重大损害的;

(四)劳动者同时与其他用人单位建立劳动关系,对完成本单位的工作任务造成严重影响,或者经用人单位提出,拒不改正的;

(五)因本法第二十六条第一款第一项规定的情形致使劳动合同无效的;

(六)被依法追究刑事责任的。

第四十条

有下列情形之一的,用人单位提前三十日以书面形式通知劳动者本人或者额外支付劳动者一个月工资后,可以解除劳动合同:

(一)劳动者患病或者非因工负伤,在规定的医疗期满后不能从事原工作,也不能从事由用人单位另行安排的工作的;

(二)劳动者不能胜任工作,经过培训或者调整工作岗位,仍不能胜任工作的;

(三)劳动合同订立时所依据的客观情况发生重大变化,致使劳动合同无法履行,经用人单位与劳动者协商,未能就变更劳动合同内容达成协议的。

第四十一条

有下列情形之一，需要裁减人员二十人以上或者裁减不足二十人但占企业职工总数百分之十以上的，用人单位提前三十日向工会或者全体职工说明情况，听取工会或者职工的意见后，裁减人员方案经向劳动行政部门报告，可以裁减人员：

（一）依照企业破产法规定进行重整的；

（二）生产经营发生严重困难的；

（三）企业转产、重大技术革新或者经营方式调整，经变更劳动合同后，仍需裁减人员的；

（四）其他因劳动合同订立时所依据的客观经济情况发生重大变化，致使劳动合同无法履行的。

裁减人员时，应当优先留用下列人员：

（一）与本单位订立较长期限的固定期限劳动合同的；

（二）与本单位订立无固定期限劳动合同的；

（三）家庭无其他就业人员，有需要扶养的老人或者未成年人的。

用人单位依照本条第一款规定裁减人员，在六个月内重新招用人员的，应当通知被裁减的人员，并在同等条件下优先招用被裁减的人员。

第四十二条

劳动者有下列情形之一的，用人单位不得依照本法第四十条、第四十一条的规定解除劳动合同：

（四）女职工在孕期、产期、哺乳期的；

第四十五条

劳动合同期满，有本法第四十二条规定情形之一的，劳动合同应当续延至相应的情形消失时终止。但是，本法第四十二条第二项规定丧失或者部分丧失劳动能力劳动者的劳动合同的终止，按照国家有关工伤保险的规定执行。

17. Q：我要离职，竟然要赔公司钱？

A：在人才市场流动性极强的当今，人员离职并不罕见。一般情况下，劳动者主动提出离职，是不需要向用人单位支付违约金或者赔偿金的。但是也有例外情况：

（一）用人单位为劳动者提供专项培训费用，对其进行专业技术培训的，可以与该劳动者订立协议，约定服务期。劳动者违反服务期约定的，应当按照约定向用人单位支付违约金。

不过，根据《劳动法》规定，用人单位要求劳动者支付的违约金不得超过服务期尚未履行部分所应分摊的培训费用。

（二）劳动者违反劳动合同中的保密义务或竞业限制义务，给用人单位造成损失的，也应当承担赔偿责任。这里提醒劳动者，如果劳动合同中明确约定了保密义务或竞业限制条款，请务必看清楚保密或限制期限。一般而言不超过两年，具体以合同约定为准。

值得注意的是，《劳动法》在各个地区的司法实践中存在差异，部分地区司法实践认为，即便不存在服务期、保密义务等约定，只要劳动者因故意或重大过失给用人单位造成损失的，用人单位也可以向劳动者主张损失赔偿。

【律师提醒】

劳动合同存在服务期、保密义务、竞业限制义务等约定时,劳动者解除劳动合同前要看清楚解除条件,否则有可能要向用人单位赔钱。

【关联法条】

《中华人民共和国劳动法》

第十六条

劳动合同是劳动者与用人单位确立劳动关系、明确双方权利和义务的协议。

建立劳动关系应当订立劳动合同。

《中华人民共和国劳动合同法》

第二十二条

用人单位为劳动者提供专项培训费用,对其进行专业技术培训的,可以与该劳动者订立协议,约定服务期。

劳动者违反服务期约定的,应当按照约定向用人单位支付违约金。违约金的数额不得超过用人单位提供的培训费用。用人单位要求劳动者支付的违约金不得超过服务期尚未履行部分所应分摊的培训费用。

用人单位与劳动者约定服务期的,不影响按照正常的工资调整机制提高劳动者在服务期期间的劳动报酬。

第二十三条

用人单位与劳动者可以在劳动合同中约定保守用人单位的商业秘密和与知识产权相关的保密事项。

对负有保密义务的劳动者,用人单位可以在劳动合同或者保密协议中与劳动者约定竞业限制条款,并约定在解除或者终止劳动合同后,在竞业限制期限内按月给予劳动者经济补偿。劳动者违反竞业限制约定的,应当按照约定向用人单位支付违约金。

第二十五条

除本法第二十二条和第二十三条规定的情形外,用人单位不得与劳动者约定由劳动者承担违约金。

第九十条

劳动者违反本法规定解除劳动合同,或者违反劳动合同中约定的保密义务或者竞业限制,给用人单位造成损失的,应当承担赔偿责任。

18. Q:法定休假日加班,是拿300%还是400%工资?

A:400%。

法定休假日加班的工资,一直是个争议不断的话题,甚至在不同的法院也有不同判法。按照法律的规定,加班的时段分为工作日加班、休息日(普通周末)加班、法定休假日加班。工作日8小时以外的时间和休息日,是不计薪的,所以法律规定相应延长工作时间要支付的150%和200%工资,是纯粹的加班工资。而法定休假日本身是带薪的,该日如果正常休息则用人单位不能扣工资,如果加班则要支付300%的加班工资。

也就是说,如果在法定休假日加班,除了法律规定的延长工作时间的300%的加班工资外,还要加上法定休假日本身的100%工资,因此,劳动者可以获得400%的工资。

【律师提醒】

法定休假日工资 = 100％法定休假日工资 + 300％加班工资。

【关联法条】

《中华人民共和国劳动法》

第四十四条

有下列情形之一的，用人单位应当按照下列标准支付高于劳动者正常工作时间工资的工资报酬：

（一）安排劳动者延长工作时间的，支付不低于工资的百分之一百五十的工资报酬；

（二）休息日安排劳动者工作又不能安排补休的，支付不低于工资的百分之二百的工资报酬；

（三）法定休假日安排劳动者工作的，支付不低于工资的百分之三百的工资报酬。

第五十一条

劳动者在法定休假日和婚丧假期间以及依法参加社会活动期间，用人单位应当依法支付工资。

《对〈工资支付暂行规定〉有关问题的补充规定》

二、关于加班加点的工资支付问题

1.《规定》第十三条第（一）、（二）、（三）款规定的符合法定标准工作时间的制度工时以外延长工作时间及安排休息日和法定休假节日工作应支付的工资，是根据加班加点的多少，以劳动合同确定的正常工作时间工资标准的一定倍数所支付的劳动报酬，即凡是安排劳动者在法定工作日延长工作时间或安排在休息日工作而又不能补休的，均应支付给劳动者不低于劳动合同规定的劳动者本人小时或日工资标准150%、200%的工资；安排在法定休假节日工作的，应另外支付给劳动者不低于劳动合同规定的劳动者本人小时或日工资标准300%的工资。

19. Q：年假天数少于法定天数，工资按300%还是400%计算？

A：300%。

举个例子，根据法律规定，小美一年可以享受10天年休假，但用人单位只给小美6天年休假，剩下4天单位应当按照日工资的300%向小美支付工资报酬。

不过，也不是只要未休年休假就一定能拿300%的工资，因为法律同时规定了，用人单位安排劳动者休年休假，但是劳动者本人书面提出不休年休假的，则用人单位只需支付100%的日工资即可。

【律师提醒】

有应休未休年假的，要及时检查用人单位是否依法发放工资报酬。

【关联法条】

《企业职工带薪年休假实施办法》

第十条

用人单位经职工同意不安排年休假或者安排职工休假天数少于应休年休假天数的，应当在本年度内对职工应休未休年休假天数，按照其日工资收入的300%支付未休年休假工资报酬，其中包含用人单位支付职工正常工作期间的工资收入。

用人单位安排职工休年休假，但是职工因本人原因且书面提出不休年休假的，用人单位可以只支付其正常工作期间的工资收入。

20. Q：工资高低对经济补偿的年限有影响吗？

A：有。

很多劳动者有疑问，工资高的人和工资低的人获得的经济补偿年限是一样的吗？不是的，具体情况如下：

（1）月工资低于当地最低工资标准的，按最低工资标准计算，且补偿年限无最高限制。

（2）月工资高于本地区上年度职工月平均工资3倍的，按职工月平均工资三倍的数额计算，且经济补偿的最高年限不超过12年。

（3）月工资高于当地最低工资标准、低于本地区上年度职工月平均工资3倍的，按职工月工资数额计算，且补偿年限无最高限制。

需要提示的是，经济补偿中的月工资指劳动合同终止前12

个月的平均工资，按应得工资计算，包括计时工资或者计件工资以及奖金、津贴和补贴等货币性收入，劳动者在计算经济补偿时，不要仅仅计算基础工资，还要计算上述各种工资性收入。

【律师提醒】

工资高低对补偿年限有影响，要根据劳动合同终止前12个月的平均工资来确定适用哪一种补偿计算方式。

【关联法条】

《中华人民共和国劳动合同法》

第四十七条

经济补偿按劳动者在本单位工作的年限，每满一年支付一个月工资的标准向劳动者支付。六个月以上不满一年的，按一年计算；不满六个月的，向劳动者支付半个月工资的经济补偿。

劳动者月工资高于用人单位所在直辖市、设区的市级人民政府公布的本地区上年度职工月平均工资三倍的，向其支付经济补偿的标准按职工月平均工资三倍的数额支付，向其支付经济补偿的年限最高不超过十二年。

本条所称月工资是指劳动者在劳动合同解除或者终止前十二个月的平均工资。

《中华人民共和国劳动合同法实施条例》

第二十七条

劳动合同法第四十七条规定的经济补偿的月工资按照劳动

者应得工资计算,包括计时工资或者计件工资以及奖金、津贴和补贴等货币性收入。劳动者在劳动合同解除或者终止前12个月的平均工资低于当地最低工资标准的,按照当地最低工资标准计算。劳动者工作不满12个月的,按照实际工作的月数计算平均工资。

21. Q：未提前30天通知解除劳动合同就一定按N+1支付补偿吗?

A：不是的。

首先,我们要明确N代表什么。N代表经济补偿的计算年限;1代表经济补偿之外额外支付相当于1个月工资的"代通知金";"N+1"是指法定情形下未提前30天通知解除劳动合同的计算年限。

不少劳动者对"N+1"有误解,以为只要用人单位没有提前30天通知解除劳动合同,就要在经济补偿之外额外支付相当于1个月工资的"代通知金"。事实并非如此。

根据《劳动合同法》第四十条的规定,向劳动者支付"N+1"的补偿,需要同时满足两个条件:(1)《劳动合同法》第四十条的三种情形,即劳动合同订立所依据的客观情况发生重大变化,致使劳动合同无法履行,经用人单位与劳动者协商,未能就变更劳动合同内容达成协议的。(2)用人单位未提前30天通知。不过,少部分地区的法规政策规定了"代通知金"适用的范围比《劳动合同法》规定的范围要广。

【律师提醒】

"代通知金"不是必然会产生的,要符合法定条件,而且在不同的地区有不同的适用,要注意区分。

【关联法条】

《中华人民共和国劳动合同法》

第四十条

有下列情形之一的,用人单位提前三十日以书面形式通知劳动者本人或者额外支付劳动者一个月工资后,可以解除劳动合同:

(一)劳动者患病或者非因工负伤,在规定的医疗期满后不能从事原工作,也不能从事由用人单位另行安排的工作的;

(二)劳动者不能胜任工作,经过培训或者调整工作岗位,仍不能胜任工作的;

(三)劳动合同订立时所依据的客观情况发生重大变化,致使劳动合同无法履行,经用人单位与劳动者协商,未能就变更劳动合同内容达成协议的。

第四十六条

有下列情形之一的,用人单位应当向劳动者支付经济补偿:

(一)劳动者依照本法第三十八条规定解除劳动合同的;

(二)用人单位依照本法第三十六条规定向劳动者提出解除劳动合同并与劳动者协商一致解除劳动合同的;

(三)用人单位依照本法第四十条规定解除劳动合同的;

（四）用人单位依照本法第四十一条第一款规定解除劳动合同的；

（五）除用人单位维持或者提高劳动合同约定条件续订劳动合同，劳动者不同意续订的情形外，依照本法第四十四条第一项规定终止固定期限劳动合同的；

（六）依照本法第四十四条第四项、第五项规定终止劳动合同的；

（七）法律、行政法规规定的其他情形。

第四十八条

用人单位违反本法规定解除或者终止劳动合同，劳动者要求继续履行劳动合同的，用人单位应当继续履行；劳动者不要求继续履行劳动合同或者劳动合同已经不能继续履行的，用人单位应当依照本法第八十七条规定支付赔偿金。

第八十七条

用人单位违反本法规定解除或者终止劳动合同的，应当依照本法第四十七条规定的经济补偿标准的二倍向劳动者支付赔偿金。

22. Q：外卖骑手、网络主播与互联网平台公司之间是劳动关系吗？

A：具体情况具体分析，不能一概而论。

如果双方有签订劳动合同，基本上按劳动合同来确认劳动关系。

如果没有签订劳动合同，则要具体看双方的关系是否具有劳动关系的属性。劳动关系有三个最基本的属性，即用人单位与劳动者是法律规定的主体；用人单位与劳动者是管理与被管理的关系；劳动者提供的劳动是用人单位业务的组成部分。

劳动关系最重要的属性是从属关系。也就是说，用人单位对劳动者应当有管理与被管理的关系，对劳动者的劳动时间有支配权等，例如劳动者要遵守用人单位的规章制度、要服从用人单位合理的工作调配等。

互联网平台公司的运作模式是多种多样的。有些公司采取的是承包型，收取坑位费，如有些网络主播会在不同的平台有自己的节目，主播的报酬主要通过观众打赏与公司分成；有些公司采取的是调度接单型，如外卖骑手可以在这个平台接单也可以在那个平台接单，是否接单由骑手自己决定；有些公司则采取紧密联系型，如规定主播只能在本公司开展直播，对直播上线的内容和时间都有严格规定，每月定期发放固定报酬加额外提成等。

基于现实情况的多样性，不同的互联网平台公司与外卖骑手、网络主播等有可能形成不同的关系。一般而言，上述所称的公司管理类型中，采取紧密联系型的公司与骑手、主播之间最有可能形成劳动关系。

【律师提醒】

外卖骑手、网络主播与平台公司之间合同关系的差异直接导致双方权利义务的不同，所以在成为骑手或主播之间要搞清与公司之间的关系，才能更好地保护自己的合法权益。

【关联法条】

《关于确立劳动关系有关事项的通知》

一、用人单位招用劳动者未订立书面劳动合同，但同时具备下列情形的，劳动关系成立。

（一）用人单位和劳动者符合法律、法规规定的主体资格；

（二）用人单位依法制定的各项劳动规章制度适用于劳动者，劳动者受用人单位的劳动管理，从事用人单位安排的有报酬的劳动；

（三）劳动者提供的劳动是用人单位业务的组成部分。

二、用人单位未与劳动者签订劳动合同，认定双方存在劳动关系时可参照下列凭证：

（一）工资支付凭证或记录（职工工资发放花名册）、缴纳各项社会保险费的记录；

（二）用人单位向劳动者发放的"工作证"、"服务证"等能够证明身份的证件；

（三）劳动者填写的用人单位招工招聘"登记表"、"报名表"等招用记录；

（四）考勤记录；

（五）其他劳动者的证言等。

其中，（一）、（三）、（四）项的有关凭证由用人单位负举证责任。

23. Q：疫情期间，用人单位如何发工资？

A：先协商，协商不了可按疫情政策发放工资。

这两年由于疫情的反复，许多企业经营都随之受到影响。笔者经常收到用人单位关于疫情期间如何发放工资的咨询，现在我们简单讲一下这个问题。

首先，用人单位和劳动者对疫情期间的工资待遇进行协商，如果协商一致则按双方的协商结果处理。

其次，如果双方无法协商一致，则分情况按疫情政策发放工资：

（1）如果劳动者是感染了新冠的患者、疑似病人、密切接触者，在其隔离治疗或医疗观察期间或政府采取的其他紧急措施导致不能正常劳动的话，用人单位应当依劳动合同支付在此期间的报酬。

（2）如果是受到疫情期间政策或其他因素影响导致用人单位停工停产的，且停工停产时间在一个工资支付周期内（通常是一个月），无论劳动者是否提供劳动，用人单位仍应按劳动合同支付工资。停工停产时间超过一个工资支付周期的，在超过的期间里，如果劳动者提供了劳动，则工资不得低于当地最低工资标准，如果劳动者没有提供劳动，则停发工资，另行发放生活费。生活费的标准各地规定不一，不过一般都是等于或者低于当地最低工资标准。

【律师提醒】

疫情期间的工资发放问题不是一概而论的，还是要具体情况具体分析。

【关联法条】

《工资支付暂行规定》

第十二条

非因劳动者原因造成单位停工、停产在一个工资支付周期内的，用人单位应按劳动合同规定的标准支付劳动者工资。超过一个工资支付周期的，若劳动者提供了正常劳动，则支付给劳动者的劳动报酬不得低于当地的最低工资标准；若劳动者没有提供正常劳动，应按国家有关规定办理。

《人力资源社会保障部办公厅关于妥善处理新型冠状病毒感染的肺炎疫情防控期间劳动关系问题的通知》

一、对新型冠状病毒感染的肺炎患者、疑似病人、密切接触者在其隔离治疗期间或医学观察期间以及因政府实施隔离措施或采取其他紧急措施导致不能提供正常劳动的企业职工，企业应当支付职工在此期间的工作报酬，并不得依据劳动合同法第四十条、四十一条与职工解除劳动合同。在此期间，劳动合同到期的，分别顺延至职工医疗期期满、医学观察期期满、隔离期期满或者政府采取的紧急措施结束。

二、企业因受疫情影响导致生产经营困难的，可以通过与职工协商一致采取调整薪酬、轮岗轮休、缩短工时等方式稳定工作岗位，尽量不裁员或者少裁员。符合条件的企业，可按规定享受稳岗补贴。企业停工停产在一个工资支付周期内的，企业应按劳动合同规定的标准支付职工工资。超过一个工资支付周期的，若职工提供了正常劳动，企业支付给职工的工资不得低于当地最低工资标准。职工没有提供正常劳动的，企业应当发放生活费，生活费标准按各省、自治区、直辖市规定的办法执行。

24. Q：疫情停工期间，员工可以兼职吗？

A：在不违反用人单位的规章制度、不影响用人单位利益的前提下，应当允许员工兼职。

疫情期间，不少用人单位因疫情政策或者其他原因导致停工停产。根据疫情的相关工资发放规定，疫情停工停产如果超过1个月，用人单位是可以停发工资，只发放生活费的。在这种情况下，不少劳动者为了自己的生存，只能自谋出路。如果劳动者此时找到一份兼职，是做还是不做呢？会不会被用人单位以劳动者兼职为由辞退呢？

2022年广东省高级人民法院发布了这样一则案例：

某公司因疫情影响安排员工侯某在2020年1~6月放假，并自2020年4月起按最低工资标准的80%发放生活费。2020年5月开始，侯某在案外人公司兼职并缴纳社会保险。某公司发现上述情况后向侯某发出通知，要求其马上改正否则后果自负。2020年7月1日，侯某回到某公司上班，但某公司以其已经与侯某解除劳动关系为由拒绝安排工作。侯某申请劳动仲裁，要求某公司支付违法解除劳动合同赔偿金。

案件经历劳动仲裁、法院一审，最终由中山市中级人民法院进行终审审理。该院认为，某公司以疫情影响为由安排侯某放假近半年时间，对侯某的生活造成了严重影响。双方之间的劳动合同因用人单位的原因不能正常履行，侯某在放假期间临时到案外人公司兼职，系侯某在特殊时期的自救行为，不会对侯某完成某公司的工作任务产生任何影响。侯某于放假期满后回某公司上班，并不违反法律规定。故某公司以其已经与侯某解除劳动关系为由拒绝安排工作依据不足，应向侯某承担相应的责任。

从这个案例我们可以看出，司法实践认为，受到疫情影响的停工停产，实际上是劳动合同不能正常履行，在劳动者不影响用人单位利益的前提下，应当允许劳动者兼职，用人单位不应当以此为由解除与劳动者的劳动关系。

【律师提醒】

为了谨慎起见，劳动者在用人单位受到疫情影响停工停产时另谋兼职，应当先了解用人单位的规章制度是否禁止员工兼职，或者自己是否有签订禁业限制协议而兼职公司正好与用人单位之间是同业关系等。如果存在上述情形，劳动者在决定是否兼职时应当慎重考虑。

【关联法条】

《中华人民共和国劳动合同法》

第二十三条

用人单位与劳动者可以在劳动合同中约定保守用人单位的商业秘密和与知识产权相关的保密事项。

对负有保密义务的劳动者，用人单位可以在劳动合同或者保密协议中与劳动者约定竞业限制条款,并约定在解除或者终止劳动合同后,在竞业限制期限内按月给予劳动者经济补偿。劳动者违反竞业限制约定的,应当按照约定向用人单位支付违约金。

第三十九条

劳动者有下列情形之一的,用人单位可以解除劳动合同:

(一)在试用期间被证明不符合录用条件的;

(二)严重违反用人单位的规章制度的;

(三)严重失职,营私舞弊,给用人单位造成重大损害的;

(四)劳动者同时与其他用人单位建立劳动关系,对完成本单位的工作任务造成严重影响,或者经用人单位提出,拒不改正的;

(五)因本法第二十六条第一款第一项规定的情形致使劳动合同无效的;

(六)被依法追究刑事责任的。

侵权篇

在我国，每个公民的人身和财产权利都受到法律保护。若遭遇侵权，作为现代女性该如何处理？应当找谁承担责任？相应的侵权后果又是什么呢？本篇针对不同的热点问题一一作答。

1. Q：遭遇性侵，该怎么办？

A：保留证据，赶紧报警！

法律与心理援助热线

报警电话：110

法律援助：12348

全国妇联妇女维权公益服务热线：12338

唯爱妈妈法律与心理咨询服务热线：4000388888

性侵属于严重的刑事犯罪，而且对人体的伤害极大，在过往的案例中不乏女性因遭受性侵而死亡的情况。因此，当写下这个题目的时候，我们并不希望任何女性有这方面的维权需求，但我们深知逃避问题并不能解决问题，每一个女性都应该建立自我保护意识和掌握维护自身合法权益的方法和途径。

（1）性侵熟人作案占比大，并不仅仅来自陌生人

搜索过往有关性侵的新闻，发现在媒体的调查中，熟人作案占比较大。司法实践中的情况也是如此。因此，各位女性朋友们要注意，性侵最大的危险往往来自你熟悉的人，千万不要因为认识对方而放松警惕，更不要因此而对维权有所顾虑。记住，不管任何时候、任何人，只要有人侵犯你，要立即采取行动维权。

（2）保留证据，不要急着洗澡

遭遇性侵不是一件可以理智对待的事情，但无论情绪如何崩溃，请记住：

不要立刻洗澡！

不要立刻清洗当时的衣物！

不要立刻扔掉加害者碰触过的物品！

在公安机关完成取证或者在医院完成检查之前，请忍受这个残酷而又必要的过程，要让加害者受到法律的制裁必须有足够的证据。

（3）脱离危险后，请立刻报警

遭遇性侵，往往伴随很大的危险性，例如被挟持、被殴打、被控制或者被囚禁，甚至被杀害。如果有机会脱离危险，不要犹豫，请立刻报警！

（4）性侵发生后，不要与加害人私下联系

遭遇性侵，受害者除了有权诉诸法律要求加害人承担刑事责任，也有权要求加害人给予物质上的赔偿。但是，我们并不建议在性侵发生后，通过与加害人"私了"的方式获取物质赔偿，更不要在没有报警的情况下，跟加害人"私了"。

任何物质赔偿的协商一定要在公安机关主持下进行。

合法获得赔偿和涉嫌敲诈勒索之间，往往就隔着一个"110"报警。

（5）拨打热线电话，寻求法律和心理上的帮助

除了拨打"110"寻求公安的帮助之外，还可以拨打全国法律援助热线12348，寻求法律援助。

遭遇性侵是生理与心理的双重伤害，受害者可以拨打全国妇联妇女维权公益服务热线12338或者全国唯爱妈妈法律与心理咨询服务免费热线4000388888等热线电话。

不要让自己囿于伤害，勇敢地寻找帮助，努力从伤害中走出来。

最后，再强调一次，遭遇性侵并不是女性的错，请不要犹豫是否要报警，报警是维护自身合法权益的最有效途径！

【律师提醒】

（1）性侵并不仅仅来自陌生人，熟人作案占比大；

（2）保留证据，不要急着洗澡；

（3）脱离危险后，请立刻报警；

（4）性侵发生后，不要与加害人通过"私了"的方式要求物质赔偿；

（5）拨打热线电话，寻求法律和心理上的帮助。

2. Q：孩子在游乐场所摔伤，到底谁负责？

A：家长是第一责任人，但如果有侵权方，则找侵权人负责。

许多家长会带孩子到游乐场玩，让孩子们有一个快乐的童年。但是游乐场毕竟是公共场所，加上孩子们聚集玩耍，又有大型游乐设施，难免会出现孩子受伤的情形，最常见的情形就是孩子在游乐场玩耍的过程中摔伤，那么，这种情况，应该由谁来承担这个责任呢？

首先，家长才是孩子人身安全的第一责任人，家长要履行对孩子们的看管义务，要注意孩子们在游乐园的活动以及人身安全。

其次，要看看是否有侵权人，简单点说，就是看孩子是因为什么原因摔伤的。

如果孩子是被别人推倒的，那么相应的侵权责任就要找侵权人承担。如果侵权人也是未成年人，那么就要找侵权人的监护人来承担责任。

如果是因为游乐园没有履行好安保义务导致孩子摔伤的，例如地面湿滑、游乐设施老旧、游乐项目误伤、应该设有安保人员或安保措施的地方却没有配备人员或设置措施等，这个时候，家长可以找游乐园的经营方去承担侵权责任。

如果孩子是自己摔倒的，没有任何侵权方，那么相应的责任就要家长承担了，家长不能忽视自己对孩子人身安全保障的义务。

最后，如果真的发生侵权方导致孩子摔伤的情形，建议家长要注意保留好证据，以便开展后续的维权工作。

【律师提醒】

家长是孩子人身安全的第一责任人，要时刻注意保护孩子的人身安全。如果有侵权方，则需要由侵权方承担侵权责任。

【关联法条】

《民法典》

第一千零六十八条

父母有教育、保护未成年子女的权利和义务。未成年子女造成他人损害的，父母应当依法承担民事责任。

第一千一百八十八条

无民事行为能力人、限制民事行为能力人造成他人损害的，由监护人承担侵权责任。监护人尽到监护职责的，可以减轻其侵权责任。

有财产的无民事行为能力人、限制民事行为能力人造成他人损害的,从本人财产中支付赔偿费用;不足部分,由监护人赔偿。

第一千一百八十九条

无民事行为能力人、限制民事行为能力人造成他人损害,监护人将监护职责委托给他人的,监护人应当承担侵权责任;受托人有过错的,承担相应的责任。

第一千一百九十八条

宾馆、商场、银行、车站、机场、体育场馆、娱乐场所等经营场所、公共场所的经营者、管理者或者群众性活动的组织者,未尽到安全保障义务,造成他人损害的,应当承担侵权责任。

因第三人的行为造成他人损害的,由第三人承担侵权责任;经营者、管理者或者组织者未尽到安全保障义务的,承担相应的补充责任。经营者、管理者或者组织者承担补充责任后,可以向第三人追偿。

3. Q:孩子在学校受伤,学校要承担责任吗?

A:学校具有安保义务。

学校是孩子们学习的地方,同时,也是孩子们日常生活中最重要的生活、玩乐场所。孩子们在学校期间会开展各类的学习、文体、锻炼、交流的活动,经常会出现孩子在校园里受伤的情形。

孩子在校园里受伤,学校是否有责任,应当承担何种责任一直是很多家长疑惑的问题，对于这个问题，我们分情况讨论。

首先，要看孩子是属于无民事行为能力人还是限制行为能力人。根据法律规定，原则上不满8周岁的为无民事行为能力人，8周岁以上（含8周岁）的未成年人为限制民事行为能力人。

其次，要看是否有第三人对孩子进行侵权。

如果孩子在幼儿园、学校或者其他教育机构学习、生活期间，受到幼儿园、学校或者其他教育机构以外的第三人人身损害的，则由第三人承担侵权责任；在这个侵权的过程中，幼儿园、学校或者其他教育机构未尽到管理职责的，例如上述机构未阻止陌生人进入校园、看到侵权行为正在发生而未予以制止的，则需要承担相应的补充责任。当然，幼儿园、学校或者其他教育机构承担补充责任后，可以向第三人追偿。

如果不是因为第三人对孩子进行侵权的，则要分情况讨论：

（1）不满8岁的孩子在幼儿园、学校或者其他教育机构学习、生活期间受到人身损害的，幼儿园、学校或者其他教育机构应当承担侵权责任；但是，能够证明这些机构已经尽到教育、管理职责的，则不承担侵权责任。

（2）8岁以上（含8岁）的孩子在学校或者其他教育机构学习、生活期间受到人身损害，学校或者其他教育机构未尽到教育、管理职责的，应当承担侵权责任。

最后，作为幼儿园、学校或者其他教育机构，在日常的管理过程中应当注意保存好公共区域的监控录像，以便后续协助家长进行维权。

【律师提醒】

如果有侵权方，则需要由侵权方承担侵权责任。如果没有侵权方的，8岁以下，学校要承担责任，能证明自己已尽责的除外；8岁以上（含8岁），学校未尽责时，才需要承担相应的责任。

【关联法条】

《民法典》

第十九条

八周岁以上的未成年人为限制民事行为能力人，实施民事法律行为由其法定代理人代理或者经其法定代理人同意、追认；但是，可以独立实施纯获利益的民事法律行为或者与其年龄、智力相适应的民事法律行为。

第二十条

不满八周岁的未成年人为无民事行为能力人，由其法定代理人代理实施。

第一千一百八十八条

无民事行为能力人、限制民事行为能力人造成他人损害的，由监护人承担侵权责任。监护人尽到监护职责的，可以减轻其侵权责任。

有财产的无民事行为能力人、限制民事行为能力人造成他人损害的，从本人财产中支付赔偿费用；不足部分，由监护人赔偿。

第一千一百八十九条

无民事行为能力人、限制民事行为能力人造成他人损害，监护人将监护职责委托给他人的，监护人应当承担侵权责任；受托人有过错的，承担相应的责任。

第一千一百九十九条

无民事行为能力人在幼儿园、学校或者其他教育机构学习、生活期间受到人身损害的，幼儿园、学校或者其他教育机构应当承担侵权责任；但是，能够证明尽到教育、管理职责的，不承担侵权责任。

第一千二百条

限制民事行为能力人在学校或者其他教育机构学习、生活期间受到人身损害，学校或者其他教育机构未尽到教育、管理职责的，应当承担侵权责任。

第一千二百零一条

无民事行为能力人或者限制民事行为能力人在幼儿园、学校或者其他教育机构学习、生活期间，受到幼儿园、学校或者其他教育机构以外的第三人人身损害的，由第三人承担侵权责任；幼儿园、学校或者其他教育机构未尽到管理职责的，承担相应的补充责任。幼儿园、学校或者其他教育机构承担补充责任后，可以向第三人追偿。

4. Q：见义勇为负伤，可以让受益人补偿吗？

A：可以。

见义勇为一直是我们国家的优良传统美德，"路见不平，拔刀相助"是中华儿女侠肝义胆的真实写照。但是，我们常常看到新闻报道，见义勇为者为救他人身受重伤甚至牺牲了自己的生命，那么，我们不禁发问，见义勇为者身受重伤，除了可以要求加害者赔偿之外,是否能够向受益人要求补偿呢?

答案是肯定的。

我国《民法典》对此有明确约定,因保护他人民事权益使自己受到损害的,由侵权人承担民事责任,受益人可以给予适当补偿。没有侵权人、侵权人逃逸或者无力承担民事责任,受害人请求补偿的,受益人应当给予适当补偿。

如果受益人拒绝补偿或者没有能力补偿,见义勇为者可以向受益人住所地的法律援助机构申请法律援助,提起诉讼维权(见义勇为人受害责任纠纷)。如果当地有见义勇为协会的,也可以向协会寻求帮助。

【律师提醒】

见义勇为者可以向受益人要补偿,不能让好人流血又流泪。

【关联法条】

《民法典》

第一百八十三条

因保护他人民事权益使自己受到损害的,由侵权人承担民事责任,受益人可以给予适当补偿。没有侵权人、侵权人逃逸或者无力承担民事责任,受害人请求补偿的,受益人应当给予适当补偿。

第一百八十四条

因自愿实施紧急救助行为造成受助人损害的,救助人不承担民事责任。

《中华人民共和国法律援助法》

第三十二条

有下列情形之一，当事人申请法律援助的，不受经济困难条件的限制：

（一）英雄烈士近亲属为维护英雄烈士的人格权益；

（二）因见义勇为行为主张相关民事权益；

（三）再审改判无罪请求国家赔偿；

（四）遭受虐待、遗弃或者家庭暴力的受害人主张相关权益；

（五）法律、法规、规章规定的其他情形。

《法律援助条例》

第十条

公民对下列需要代理的事项，因经济困难没有委托代理人的，可以向法律援助机构申请法律援助：

（一）依法请求国家赔偿的；

（二）请求给予社会保险待遇或者最低生活保障待遇的；

（三）请求发给抚恤金、救济金的；

（四）请求给付赡养费、抚养费、扶养费的；

（五）请求支付劳动报酬的；

（六）主张因见义勇为行为产生的民事权益的。

省、自治区、直辖市人民政府可以对前款规定以外的法律援助事项作出补充规定。

公民可以就本条第一款、第二款规定的事项向法律援助机构申请法律咨询。

第十四条

公民就本条例第十条所列事项申请法律援助，应当按照下列规定提出：

（一）请求国家赔偿的，向赔偿义务机关所在地的法律援助机构提出申请；

（二）请求给予社会保险待遇、最低生活保障待遇或者请求发给抚恤金、救济金的，向提供社会保险待遇、最低生活保障待遇或者发给抚恤金、救济金的义务机关所在地的法律援助机构提出申请；

（三）请求给付赡养费、抚养费、扶养费的，向给付赡养费、抚养费、扶养费的义务人住所地的法律援助机构提出申请；

（四）请求支付劳动报酬的，向支付劳动报酬的义务人住所地的法律援助机构提出申请；

（五）主张因见义勇为行为产生的民事权益的，向被请求人住所地的法律援助机构提出申请。

5. Q：借车给别人开，你真的想好了吗？

A：借车有风险，出借要谨慎。

很多人不知道，借车给别人开，如果出了交通事故或违章，车主本人也有可能要承担责任。

（1）发生交通事故时的责任问题：如果交通事故责任方是车辆借用人，那么由车辆借用人承担赔偿责任，如果车主对交通事故的发生有过错的，要承担相应的赔偿责任。

车主在什么时候应当承担"相应的赔偿责任"呢？最常见的，比如车主未查验车辆借用人的驾驶资格，或者明知借用人醉驾，或者车主明知车辆存在某些影响安全驾驶的问题又未告知使用人等。

（2）违反交通规则时的责任问题：如果是交警现场处罚的，当然是由借用人负责，但如果是电子抓拍等非现场处罚手段而借用人又不愿意出面处理的，交警会对车主进行处罚。

【律师提醒】

如果车辆借用人出了交通事故，作为车主也可能要承担责任。

【关联法条】

《民法典》

第一千二百零九条

因租赁、借用等情形机动车所有人、管理人与使用人不是同一人时，发生交通事故造成损害，属于该机动车一方责任的，由机动车使用人承担赔偿责任；机动车所有人、管理人对损害的发生有过错的，承担相应的赔偿责任。

《中华人民共和国道路交通安全法》

第一百一十四条

公安机关交通管理部门根据交通技术监控记录资料，可以对违法的机动车所有人或者管理人依法予以处罚。

对能够确定驾驶人的，可以依照本法的规定依法予以处罚。

6. Q：家里装修时，装修工人受伤了，我要承担责任吗？
A：视具体情况而定。

所谓的"受伤"，主要指基于装修工程本身导致的。在此前提下，工人是业主个人请的，还是业主与装修公司签合同后由装修公司派来的，对业主是否有赔偿责任、赔多少有重要的影响。

如果工人是业主个人请的，双方之间形成的是个人劳务关系还是承揽关系，也会影响业主的赔偿责任。

业主与工人之间形成劳动关系的，要按各自的过错承担相应的责任；业主与工人之间形成承揽关系的，则要看业主在定作、指示或者选任时是否有过错，如果有过错的话也要承担相应的责任。

如果工人是业主找的装修公司派来的，则工人受伤的后果由装修公司承担，与业主无关。

所以说，为免产生不必要的麻烦，业主在装修时最好还是请装修公司。

【律师提醒】
家居装修建议聘请有资质的装修公司。

【关联法条】

《民法典》

第一千一百九十二条

个人之间形成劳务关系，提供劳务一方因劳务造成他人损害的，由接受劳务一方承担侵权责任。接受劳务一方承担侵权责任后，可以向有故意或者重大过失的提供劳务一方追偿。提供劳务一方因劳务受到损害的，根据双方各自的过错承担相应的责任。

提供劳务期间，因第三人的行为造成提供劳务一方损害的，提供劳务一方有权请求第三人承担侵权责任，也有权请求接受劳务一方给予补偿。接受劳务一方补偿后，可以向第三人追偿。

第一千一百九十三条

承揽人在完成工作过程中造成第三人损害或者自己损害的，定作人不承担侵权责任。但是，定作人对定作、指示或者选任有过错的，应当承担相应的责任。

7. Q：被网暴，应该怎么做？

A：保留证据并通知网站处理、循司法途径维权。

现代社会网络信息发达，互联网给社会带来了许多便利，也带来了不少问题，其中之一就是网络暴力，即一些别有用心的人利用互联网侵犯他人的人身权利导致他人受到损害的行为。

对付网络暴力，我们要坚决用法律武器给予回击，建议按以下步骤操作。

取证：对侵权人的行为及造成的后果，可以用截图、录屏等方式固定下来，如果经济允许，最好通过公证程序进行证据留存。

通知网站采取删除、屏蔽、断开链接等手段处置相关网暴信息，并要求网站提供网暴者的真实身份信息。

向法院提起民事诉讼，请求侵权人承担侵权责任。此类民事案件管辖法院包括侵权行为地、侵权结果发生地（含被侵权人所在地）等法院。对于被侵权人来说，当然是选择向自己所在地的法院起诉更方便一点。

若网暴行为的后果严重，涉嫌刑事犯罪的，请立即向公安机关报案。

【律师提醒】

抗击网络暴力要保留好重要证据，必要时请做好公证留存。

【关联法条】

《民法典》

第一千一百九十四条

网络用户、网络服务提供者利用网络侵害他人民事权益的，应当承担侵权责任。法律另有规定的，依照其规定。

第一千一百九十五条

网络用户利用网络服务实施侵权行为的，权利人有权通知网络服务提供者采取删除、屏蔽、断开链接等必要措施。通知应当包括构成侵权的初步证据及权利人的真实身份信息。

网络服务提供者接到通知后，应当及时将该通知转送相关网络用户，并根据构成侵权的初步证据和服务类型采取必要措施；未及时采取必要措施的，对损害的扩大部分与该网络用户承担连带责任。

权利人因错误通知造成网络用户或者网络服务提供者损害的，应当承担侵权责任。法律另有规定的，依照其规定。

第一千一百九十七条

网络服务提供者知道或者应当知道网络用户利用其网络服务侵害他人民事权益，未采取必要措施的，与该网络用户承担连带责任。

《中华人民共和国民事诉讼法》

第二十八条

因侵权行为提起的诉讼，由侵权行为地或者被告住所地人民法院管辖。

《最高人民法院关于适用〈中华人民共和国民事诉讼法〉的解释》

第二十四条

民事诉讼法第二十九条规定的侵权行为地，包括侵权行为实施地、侵权结果发生地。

第二十五条

信息网络侵权行为实施地包括实施被诉侵权行为的计算机等信息设备所在地,侵权结果发生地包括被侵权人住所地。

《中华人民共和国刑法》
第二百四十六条
以暴力或者其他方法公然侮辱他人或者捏造事实诽谤他人,情节严重的,处三年以下有期徒刑、拘役、管制或者剥夺政治权利。
前款罪,告诉的才处理,但是严重危害社会秩序和国家利益的除外。

8. Q:好心载同事上下班,发生车祸我还要赔钱给同事?
A:有可能。

现代社会很多家庭都有私家车,朋友、同事之间搭个顺风车也是很常见的。谁能想到在这种情况下,如果发生交通事故导致乘客受伤的,车主还有可能承担责任呢?

上文提到的情况就是"好意同乘"。所谓"好意同乘",是指非营运车辆的车主出于帮忙、提供方便等好意,允许他人无偿乘车。

我国《民法典》对"好意同乘"的责任有明确规定——"好意同乘"发生交通事故致乘客受损,且事故责任属于"好意同乘"这一方车辆的责任时,车主需要对乘客的损害承担责任,不过应当减轻责任。

【律师提醒】

"好意同乘"有风险,车主并不因为无偿提供乘车便利而免责。

【关联法条】

《民法典》

第一千二百一十七条

非营运机动车发生交通事故造成无偿搭乘人损害,属于该机动车一方责任的,应当减轻其赔偿责任,但是机动车使用人有故意或者重大过失的除外。

9. Q:宠物伤人,谁要负责?

A:宠物的主人,或者有过错的被侵权人。

现代家庭养宠物并不少见,宠物伤人的事件也时有发生。特别是家里养狗的人,免不了出门遛狗。根据《中华人民共和国动物防疫法》等的规定,出门遛狗要拴绳。如果因为没有拴绳等原因导致他人损害的,主人应当承担侵权责任。

不过,法律也规定了,如果是由于被侵权人的故意或者重大过失造成宠物伤人的,比如被侵权人故意逗弄宠物等,则由被侵权人自行承担部分或者全部责任。

值得注意的是,法律禁止饲养的烈性犬伤人的,相关侵权责任由主人或管理人承担,不存在免责事由。

【律师提醒】

主人要管控好自家宠物,他人也应当与别人的宠物保持安全距离。

【关联法条】

《民法典》

第一千二百四十五条

饲养的动物造成他人损害的,动物饲养人或者管理人应当承担侵权责任;但是,能够证明损害是因被侵权人故意或者重大过失造成的,可以不承担或者减轻责任。

第一千二百四十六条

违反管理规定,未对动物采取安全措施造成他人损害的,动物饲养人或者管理人应当承担侵权责任;但是,能够证明损害是因被侵权人故意造成的,可以减轻责任。

第一千二百四十七条

禁止饲养的烈性犬等危险动物造成他人损害的,动物饲养人或者管理人应当承担侵权责任。

《中华人民共和国动物防疫法》

第三十条

单位和个人饲养犬只,应当按照规定定期免疫接种狂犬病疫苗,凭动物诊疗机构出具的免疫证明向所在地养犬登记机关申请登记。

携带犬只出户的,应当按照规定佩戴犬牌并采取系犬绳等措施，防止犬只伤人、疫病传播。

街道办事处、乡级人民政府组织协调居民委员会、村民委员会，做好本辖区流浪犬、猫的控制和处置，防止疫病传播。

县级人民政府和乡级人民政府、街道办事处应当结合本地实际，做好农村地区饲养犬只的防疫管理工作。

饲养犬只防疫管理的具体办法，由省、自治区、直辖市制定。

10. Q：流浪猫狗伤人，谁要负责？

A：原来或现在的管理人、饲养人。

城市里的流浪猫狗伤人找谁负责，一直是大家关注的问题。根据法律规定，应当由原来或现在的管理人、饲养人承担责任。

首先，如果能够知晓流浪猫狗原来主人的，相关责任由原主人承担。其次，我们常见爱心人士出于保护小动物的心理，投喂流浪猫狗，甚至长期喂养。此时，喂养人有可能被视为流浪猫狗的饲养人。当流浪猫狗伤人时，喂养人有可能要承担相应的赔偿责任。

需要注意的是，如果无法找到原来或现在的管理人、饲养人的，则只能自行承担风险，所以在遇到流浪猫狗时尽量保持安全距离，切勿随意投喂。

【律师提醒】

喂养流浪猫狗有风险，请与流浪猫狗保持安全距离。

【关联法条】

《民法典》

第一千二百四十五条

饲养的动物造成他人损害的,动物饲养人或者管理人应当承担侵权责任;但是,能够证明损害是因被侵权人故意或者重大过失造成的,可以不承担或者减轻责任。

第一千二百四十九条

遗弃、逃逸的动物在遗弃、逃逸期间造成他人损害的,由动物原饲养人或者管理人承担侵权责任。

11. Q：高空抛物,谁要负责?

A：能确定侵权人的,由侵权人承担。难以确定具体侵权人的,由建筑物使用人补偿。物业服务公司未采取必要的安全保障措施的,应当承担相应责任。

高空抛物问题一直以来受到广大市民的关注,有的高空抛物行为甚至会危及他人生命健康安全。虽然以往的法律对相关法律责任有明确的规定,但如何确定高空抛物的具体侵权人一直是个难题,以往的案例中都是靠被侵权人自己找,找不到的话直接就让整栋楼的业主一起承担责任。

为了更好地维护广大市民的合法权益,《民法典》增加了公安等机关的调查义务,在确定具体侵权人的举证方面可以说是上了一个新台阶。

另外,《民法典》也强化了物业服务公司的安全保障义务,除了要求物业服务公司自身采取安保措施及时维护大楼公共外墙、加装监控等，还要求其及时督促、提醒业主清理阳台杂物，以避免高空坠物事件的发生。

【律师提醒】

遭受高空抛物侵权时，可以请求公安机关介入调查具体侵权人。

【关联法条】

《民法典》

第一千二百五十四条

禁止从建筑物中抛掷物品。从建筑物中抛掷物品或者从建筑物上坠落的物品造成他人损害的，由侵权人依法承担侵权责任；经调查难以确定具体侵权人的，除能够证明自己不是侵权人的外，由可能加害的建筑物使用人给予补偿。可能加害的建筑物使用人补偿后，有权向侵权人追偿。

物业服务企业等建筑物管理人应当采取必要的安全保障措施防止前款规定情形的发生；未采取必要的安全保障措施的，应当依法承担未履行安全保障义务的侵权责任。

发生本条第一款规定的情形的，公安等机关应当依法及时调查，查清责任人。

社会经济篇

现代女性在参与社会经济活动过程中,往往会碰到各种不同的经济问题。近年来,医美、拆迁、外嫁女、买房、签合同等热点词吸引着现代女性的眼球,相应衍生出来的各种法律问题也引起了现代女性的关注。本篇针对时下多个热点社会经济问题作出梳理,让读者清晰了解热点词背后的法律规定。

1. Q：医美失败，我可以拒还医美贷吗？

A：不可以。

近几年，中国的医美行业可谓蓬勃发展，彻底激发了现代女性追求美的热情和欲望，但医美项目轻则几千元重则数十万元的高昂价格让许多女性望而却步，在此背景下，"医美贷"应运而生。小额贷款公司纷纷驻场各大医美机构，开发"医美贷"服务，为众多追求完美的女性及时提供资金用于医美项目。

许多医美项目，本质说是大大小小的手术，都存在不同程度的风险，因此，不可避免地也会存在手术失败导致患者身体受到损伤的案例。

那么，医美失败了，可以拒绝偿还为医美项目借的贷款"医美贷"吗？

答案是：不能。

所谓"医美贷"，是指用于医美项目的小额贷款。就性质而言，"医美贷"本质是借款人与出借人之间建立的借款合同关系，双方均受借款合同约束。

如果医美项目失败对患者身体产生损害，就性质而言，是医美机构和患者在法律层面的侵权法律关系，医美机构应当承担相应的侵权责任。

"医美贷"与医美是完全不同的法律关系，因此，不能混为一谈。

如果医美项目失败导致身体损伤，患者可以依法向医美机构追究侵权责任，向医美机构索赔，但这不影响患者（借款人）仍然受到借款合同的约束，需要依约按时偿还贷款。

【律师提醒】

医美项目失败造成身体损害的，应当向医美机构追究侵权责任，向医美机构索赔。

"医美贷"本质是借贷关系，借款人和出借人应当依据借款合同履行合同义务。

【关联法条】

《民法典》

第一百一十九条

依法成立的合同，对当事人具有法律约束力。

第一百二十条

民事权益受到侵害的，被侵权人有权请求侵权人承担侵权责任。

第六百六十七条

借款合同是借款人向贷款人借款，到期返还借款并支付利息的合同。

第一千二百一十八条

患者在诊疗活动中受到损害，医疗机构或者其医务人员有过错的，由医疗机构承担赔偿责任。

《最高人民法院关于审理医疗损害责任纠纷案件适用法律若干问题的解释》

第一条

患者以在诊疗活动中受到人身或者财产损害为由请求医疗

机构，医疗产品的生产者、销售者、药品上市许可持有人或者血液提供机构承担侵权责任的案件，适用本解释。

患者以在美容医疗机构或者开设医疗美容科室的医疗机构实施的医疗美容活动中受到人身或者财产损害为由提起的侵权纠纷案件，适用本解释。

当事人提起的医疗服务合同纠纷案件，不适用本解释。

2. Q：住宅建设用地使用期满，怎么处理？

A：70年后自动续期，但续期费用仍未明朗。

我国的基本土地制度，从所有权上可以分为国有土地和集体所有土地。从土地性质上可以分为农用地、建设用地和未利用地。

商品住宅是建设在国有建设用地上的住宅性质房屋。房屋的所有权归业主，但房屋所占的土地所有权仍然归国家所有，所有的业主一起共同使用国有土地，即业主仅拥有土地的使用权。

集体所有土地上的房屋一般是指农村的宅基地房，或者农民集体所有建设用地上开发的房屋。集体所有土地是不能开发商品住宅的。所以，本文仅讨论国有建设用地上的商品住宅。

国有建设用地的使用权是有年限的。住宅建设用地的使用权从土地出让开始，一般最长使用年限为70年，具体看合同约定。70年之后怎么办呢？原《中华人民共和国物权法》的规定是"住宅建设用地使用权期间届满的，自动续期。"《民法典》在这个基础上进一步规定"续期费用的缴纳或者减免，依照法律、行政法规的规定办理"。也就是说，商品住宅的建设用地使用期满，可以续期，但是要交点费用。具体费用是多少就要看到时的政策规定了。未来政策的走向尚未明朗，不过一般来说不同地区的续期费用是不同的，有些地区也可能会减免费用。

【律师提醒】

住宅建设用地使用期满，自动续期，续期费用按相关法律法规办理。

【关联法条】

《民法典》

第三百五十九条

住宅建设用地使用权期限届满的，自动续期。续期费用的缴纳或者减免，依照法律、行政法规的规定办理。

非住宅建设用地使用权期限届满后的续期，依照法律规定办理。该土地上的房屋以及其他不动产的归属，有约定的，按照约定；没有约定或者约定不明确的，依照法律、行政法规的规定办理。

3. Q：宅基地可以抵押吗？

A：不能。

笔者曾经遇到不少咨询，核心内容大致为：借款合同约定债务人把自己的宅基地拿出来作为借款的抵押，这种抵押有没有效？

我国《民法典》明确规定，宅基地所有权和使用权均不能抵押。

原理在于，我国的土地制度从所有权上可以分为国有土地和集体所有土地，不存在个人（包括自然人和法人）所有权。所有权性质的变动方式目前来说只有征收，即把集体所有土地征收为国有土地。如果允许土地所有权抵押，那很有可能在实现抵押权的时候会产生土地所有权变更至自然人或公司名下，这将动摇我国的基本土地制度。土地所有权不能抵押，自然也意味着宅基地所有权不能抵押。

宅基地使用权不能抵押的原理，则基于宅基地本身的身份属性。宅基地所有权属于村集体，但宅基地使用权属于村民，一旦允许宅基地使用权抵押，在实现抵押权时，则有可能把宅基地使用权转移给了非本村村民，这就等于否定了宅基地保障农民居住权的基本属性。

土地制度是我国的根本制度之一，任何关于抵押土地所有权或宅基地使用权的合同条款都是无效的，如果有人声称可以拿自己的宅基地出来抵押，即便白纸黑字把抵押条款写在合同中，也是无效的。

【律师提醒】

法律明确规定，无论是宅基地所有权，还是宅基地使用权，都是不能抵押的。如果有人声称可以拿自己的宅基地出来抵押，就要提高警觉了。

【关联法条】

《民法典》

第三百九十九条

下列财产不得抵押:

(一) 土地所有权;

(二) 宅基地、自留地、自留山等集体所有土地的使用权,但是法律规定可以抵押的除外;

(三) 学校、幼儿园、医疗机构等为公益目的成立的非营利法人的教育设施、医疗卫生设施和其他公益设施;

(四) 所有权、使用权不明或者有争议的财产;

(五) 依法被查封、扣押、监管的财产;

(六) 法律、行政法规规定不得抵押的其他财产。

4. Q:从村里迁出户口还能继续享有土地承包经营权吗?

A:只要在承包期内,就可以继续承包。

我国实行农村土地由农村集体经济组织成员承包的土地承包经营制度。

土地承包经营权的取得是基于农村集体经济组织成员的身份,那么是否丧失了农村集体经济组织成员的身份(如承包户到城里落户,或者女性村民嫁到其他村),土地承包经营权就会随之丧失呢?未必。

我国法律规定,在承包期内发包方不得收回承包地,就算承包户进城落户的,也只能引导其自愿转让土地承包经营权或者将承包地交回发包方,并非强制性地由发包方收回承包地。

而对于妇女的承包权，法律也是一视同仁，即便妇女出嫁后落户到其他村，只要其未在新居地取得承包地的，发包人也不能收回承包地。

当然，在承包期内也是有可能丧失承包经营权的，比如土地遇到征收，或者土地丧失了承包地的使用价值（如承包地遇水灾后被淹没）。承包地遇到这些特殊的情况则另当别论了。

【律师提醒】

能否继续享有土地承包经营权，主要看承包合同是否还在承包期。承包期内，发包人不能随意收回承包地。

【关联法条】

《中华人民共和国农村土地承包法》

第五条

农村集体经济组织成员有权依法承包由本集体经济组织发包的农村土地。

任何组织和个人不得剥夺和非法限制农村集体经济组织成员承包土地的权利。

第二十七条

承包期内，发包方不得收回承包地。

国家保护进城农户的土地承包经营权。不得以退出土地承包经营权作为农户进城落户的条件。

承包期内，承包农户进城落户的，引导支持其按照自愿有偿原则依法在本集体经济组织内转让土地承包经营权或者将承包地交回发包方，也可以鼓励其流转土地经营权。

承包期内，承包方交回承包地或者发包方依法收回承包地时，承包方对其在承包地上投入而提高土地生产能力的，有权获得相应的补偿。

第三十一条

承包期内，妇女结婚，在新居住地未取得承包地的，发包方不得收回其原承包地；妇女离婚或者丧偶，仍在原居住地生活或者不在原居住地生活但在新居住地未取得承包地的，发包方不得收回其原承包地。

第五十八条

承包合同中违背承包方意愿或者违反法律、行政法规有关不得收回、调整承包地等强制性规定的约定无效。

5. Q：抵押的财产可以转让吗？

A：可以，但另有约定的除外。

《物权法》（现已废止）规定，未经抵押权人同意的，抵押财产转让的行为无效，这就导致很长一段时期以来，抵押财产无法在市场上流通转让，无法实现该抵押财产的价值最大化，也不利于资产的流通。

《民法典》对此进行了相关规则的变更：抵押财产可以转让，除非当事人另有约定。

该规定的背后逻辑是将抵押财产的所有权与抵押权人的抵押权进行分离，达到"抵押财产转让的，抵押权不受影响"的权利效果。也就是说，作为物权之一的抵押权，即便抵押财产被转让也不影响抵押权人实现抵押权。

举个例子，2021年6月，小美将自己名下的一处房产办理了抵押贷款，向银行借款50万元，双方并未就抵押房产不得转让进行特别约定。2022年6月，由于资金紧张，小美需要盘活资金，于是向小明转让了上述抵押房产，这个时候，即使房产办理过户至小明的名下，也不影响银行的抵押权。

而《民法典》对抵押制度的改变，是立法者在鼓励交易、保护交易等方面做出的努力。

【律师提醒】

抵押财产可以转让，但当事人另有约定的除外。

【关联法条】

《民法典》

第四百零六条

抵押期间，抵押人可以转让抵押财产。当事人另有约定的，按照其约定。抵押财产转让的，抵押权不受影响。

抵押人转让抵押财产的，应当及时通知抵押权人。抵押权人能够证明抵押财产转让可能损害抵押权的，可以请求抵押人将转让所得的价款向抵押权人提前清偿债务或者提存。转让的价款超过债权数额的部分归抵押人所有，不足部分由债务人清偿。

《最高人民法院关于适用〈中华人民共和国民法典〉有关担保制度的解释》

第四十三条

当事人约定禁止或者限制转让抵押财产但是未将约定登记，抵押人违反约定转让抵押财产，抵押权人请求确认转让合同无效的，人民法院不予支持；抵押财产已经交付或者登记，抵押权人请求确认转让不发生物权效力的，人民法院不予支持，但是抵押权人有证据证明受让人知道的除外；抵押权人请求抵押人承担违约责任的，人民法院依法予以支持。

当事人约定禁止或者限制转让抵押财产且已经将约定登记，抵押人违反约定转让抵押财产，抵押权人请求确认转让合同无效的，人民法院不予支持；抵押财产已经交付或者登记，抵押权人主张转让不发生物权效力的，人民法院应予支持，但是因受让人代替债务人清偿债务导致抵押权消灭的除外。

《自然资源部关于做好不动产抵押权登记工作的通知》

三、保障抵押不动产依法转让。当事人申请办理不动产抵押权首次登记或抵押预告登记的，不动产登记机构应当根据申请在不动产登记簿"是否存在禁止或限制转让抵押不动产的约定"栏记载转让抵押不动产的约定情况。有约定的填写"是"，抵押期间依法转让的，应当由受让人、抵押人（转让人）和抵押权人共同申请转移登记；没有约定的填写"否"，抵押期间依法转让的，应当由受让人、抵押人（转让人）共同申请转移登记。约定情况发生变化的，不动产登记机构应当根据申请办理变更登记。

《民法典》施行前已经办理抵押登记的不动产，抵押期间转让的，未经抵押权人同意，不予办理转移登记。

6. Q：格式条款都是无效的吗？

A：不一定。

日常生活中，我们经常会遇到各种形式的格式合同。有些客户咨询格式条款是不是"霸王条款"？是不是都无效？

我国《民法典》对格式条款是有明确规定的，"霸王条款"则没有法定的定义，多出现于政府为整治"霸王条款"而发布的通告中，是一种约定俗成的说法，从大众的理解上来说，"霸王条款"更加接近于无效的格式条款。

我们来看看法律赋予格式条款的定义。

根据《民法典》的规定，格式条款是一方当事人为了重复使用预先拟定且在订立合同时未与另一方协商的条款。这个规定涉及两个要素，即一方为重复使用预先拟定，并未与对方协商。

法律规定，当提供格式条款一方不合理地减轻自身责任、加重对方责任或者排除对方权利时，则该格式条款很可能无效，也即构成大众理解的"霸王条款"了，如在餐厅就餐不能自带酒水、购房合同中开发商的违约责任明显比购房者的责任轻等。

反过来说，如果格式条款没有加重对方责任、排除对方权利，且已提示对方注意，则格式条款也是有效的。

【律师提醒】

格式条款是否有效，主要看提供格式条款的一方是否加重对方的责任、排除对方的权利等。

【关联法条】

《民法典》

第四百九十六条

格式条款是当事人为了重复使用而预先拟定，并在订立合同时未与对方协商的条款。

采用格式条款订立合同的，提供格式条款的一方应当遵循公平原则确定当事人之间的权利和义务，并采取合理的方式提示对方注意免除或者减轻其责任等与对方有重大利害关系的条款，按照对方的要求，对该条款予以说明。提供格式条款的一方未履行提示或者说明义务，致使对方没有注意或者理解与其有重大利害关系的条款的，对方可以主张该条款不成为合同的内容。

第四百九十七条

有下列情形之一的，该格式条款无效：

（一）具有本法第一编第六章第三节和本法第五百零六条规定的无效情形；

（二）提供格式条款一方不合理地免除或者减轻其责任、加重对方责任、限制对方主要权利；

（三）提供格式条款一方排除对方主要权利。

第四百九十八条

对格式条款的理解发生争议的,应当按照通常理解予以解释。对格式条款有两种以上解释的,应当作出不利于提供格式条款一方的解释。格式条款和非格式条款不一致的,应当采用非格式条款。

7. Q:外嫁女能享受村民待遇吗?

A:符合条件就可以。

"外嫁女"并非法律意义上的名词,通常是村民对于嫁到外村的女性的称呼,她们最典型的特征是:①与本村村民以外的人结婚;②户口保留在本村。因为传统观念的原因,有些村集体不承认外嫁女是本村的村民、不给外嫁女享受本村成员待遇。但法律上,并未针对"外嫁女"进行特别的规定,是否与外村人结婚不是女性村民是否享有本村村民权利的判断标准,传统观念与现代法律规定的冲突导致"外嫁女"的现实状况与法律上的待遇往往存在很大的区别。

近年来,由于城镇化发展,越来越多的村集体经济收入大幅度提高,或者面临征地拆迁;此时,"外嫁女"却无法获得其应有的合法权益,导致许多"外嫁女"运用法律手段保障自身的权益,从而衍生了大量的"外嫁女"案件。

那"外嫁女"到底能否享受村民待遇呢?这取决于"外嫁女"是否具有村集体成员的资格。

在司法实践中,各地都会有不同的情况和判断标准,要结合各地的实际情况进行分析。

以广东为例，在司法实践中，大多数案例采取"户口+义务"的裁判规则，即如果外嫁女的户口仍保留在本村，并履行本村村民的义务，该外嫁女就仍应当是本村的村民（成员）。这里涉及举证的问题，那如何举证证明呢？

首先，关于户口是否保留在本村的问题，看户籍地址即可。

其次，关于是否履行了本村村民的义务的问题，很多案例将该证据的举证责任应由村集体承担，而偏偏这个举证的难度相当高，除非事先做好章程制定、证据收集等工作，一般村集体都难以举出完善的证据证明"外嫁女"并未履行本村村民的义务。

结合上述两个维度的判断标准，"外嫁女"的村民待遇很大程度上会获得保护。

【律师提醒】

"户口+义务"是主要裁判原则，"入赘女婿"也可以比照着"外嫁女"来看。但各地情况不一样，要具体情况具体分析。

【关联法条】

《中华人民共和国村民委员会组织法》

第二十七条

村民会议可以制定和修改村民自治章程、村规民约，并报乡、民族乡、镇的人民政府备案。

村民自治章程、村规民约以及村民会议或者村民代表会议的决定不得与宪法、法律、法规和国家的政策相抵触，不得有侵犯村民的人身权利、民主权利和合法财产权利的内容。

村民自治章程、村规民约以及村民会议或者村民代表会议的决定违反前款规定的，由乡、民族乡、镇的人民政府责令改正。

《中华人民共和国妇女权益保障法》

第五十三条

国家保障妇女享有与男子平等的财产权利。

第五十五条

妇女在农村集体经济组织成员身份确认、土地承包经营、集体经济组织收益分配、土地征收补偿安置或者征用补偿以及宅基地使用等方面，享有与男子平等的权利。

第五十六条

村民自治章程、村规民约，村民会议、村民代表会议的决定及其他涉及村民利益事项的决定，不得以妇女未婚、结婚、离婚、丧偶、户无男性等为由，侵害妇女在农村集体经济组织中的各项权益。

因结婚男方到女方住所落户的，男方和子女享有与所在地农村集体经济组织成员平等的权益。

8. Q：买了房子没有住，可以不交物业管理费吗？

A：不可以。

笔者曾接待过一个业主的咨询，说她很委屈，无端被物业服务公司给告了。细问之下才知道，这位业主购买并验收了房子之后，发现房子存在一些装修的瑕疵，例如管道漏水、墙体出现小裂缝等，业主认为自己花了大价钱购买房子，竟然出现这样的瑕疵，心怀不满，于是一直没有入住该房子。

业主认为，自己一直没有入住该房子，没有享受到物业管理服务，不应该缴纳物业管理费，物业服务公司要求她支付物业管理费是没有道理的，所以对物业服务公司每月送达的物业管理费催收通知书也熟视无睹。现在被物业服务公司起诉了，她更觉得离谱。

笔者认真审查了她持有物业的相关证据以及她收到的诉讼材料之后，告诉该业主，根据法律规定，物业服务企业已经按照合同约定提供服务，业主不能仅因为一直没有入住房子，以没有享受到物业服务为由拒绝缴纳物业费，因此，她需要补缴相关的物业费。

【律师提醒】

放弃入住房子是业主自身权利的实现，但不能成为拒交物业费的免责事由，即使没有入住房子，各位业主也要按时支付物业管理费。

【关联法条】

《民法典》

第九百四十四条

业主应当按照约定向物业服务人支付物业费。物业服务人已经按照约定和有关规定提供服务的，业主不得以未接受或者无需接受相关物业服务为由拒绝支付物业费。

业主违反约定逾期不支付物业费的，物业服务人可以催告其在合理期限内支付；合理期限届满仍不支付的，物业服务人可以提起诉讼或者申请仲裁。

物业服务人不得采取停止供电、供水、供热、供燃气等方式催交物业费。

9. Q：挂名法定代表人是天上掉下来的"馅饼"吗？

A：可能不是"馅饼"，而是"陷阱"！

时至今日，依然有许多人在不清不楚的情况下给他人企业做了挂名法定代表人，很多人以为这是天上掉下来的香饽饽，但事实并非如此。

法定代表人指依法律或公司章程规定代表公司法人行使职权的负责人。所谓"负责人"，也就是要对企业的对外经营行为承担责任的人。

挂名法定代表人需要承担巨大的风险，如果企业负有债务而不能清偿的时候，债权人可将企业诉至法院，法院可以对企业及法定代表人一同进行限制、处罚，法定代表人也会被限制消费，如果有证据证明法定代表人在经营过程中对企业的债务存在过错，法定代表人也需要承担相应的法律责任。更严重的，若企业涉嫌刑事犯罪的，法定代表人也首先被追责。

所以，如果你收到别人请你去当一个企业的法定代表人的邀约时，一定要慎重。

【律师提醒】

法定代表人需要对企业的行为承担法律规定的责任，切勿在未参与企业实际经营的情况下给别人挂名法定代表人。

【关联法条】

《民事诉讼法》

第二百四十一条

被执行人未按执行通知履行法律文书确定的义务，应当报告当前以及收到执行通知之日前一年的财产情况。被执行人拒绝报告或者虚假报告的，人民法院可以根据情节轻重对被执行人或者其法定代理人、有关单位的主要负责人或者直接责任人员予以罚款、拘留。

《最高人民法院关于适用〈中华人民共和国民事诉讼法〉执行程序的解释》

第三十七条第一款

被执行人为单位的，可以对其法定代表人、主要负责人或者影响债务履行的直接责任人员限制出境。

《最高人民法院关于限制被执行人高消费的若干规定》

第三条

被执行人为自然人的，被采取限制消费措施后，不得有以下高消费及非生活和工作必需的消费行为：

（一）乘坐交通工具时，选择飞机、列车软卧、轮船二等以上舱位；

（二）在星级以上宾馆、酒店、夜总会、高尔夫球场等场所进行高消费；

（三）购买不动产或者新建、扩建、高档装修房屋；

（四）租赁高档写字楼、宾馆、公寓等场所办公；

（五）购买非经营必需车辆；

（六）旅游、度假；

（七）子女就读高收费私立学校；

（八）支付高额保费购买保险理财产品；

（九）乘坐G字头动车组列车全部座位、其他动车组列车一等以上座位等其他非生活和工作必需的消费行为。

被执行人为单位的，被采取限制消费措施后，被执行人及其法定代表人、主要负责人、影响债务履行的直接责任人员、实际控制人不得实施前款规定的行为。因私消费以个人财产实施前款规定行为的，可以向执行法院提出申请。执行法院审查属实的，应予准许。

10. Q：租房子最长可以租多久？

A：20 年。

买房一直是中国人的传统，但并不是所有的小伙伴都买得起房，所以很多年轻人选择了租房。

人们总说，安居才能乐业，只有居住的地方稳定了，才能专心地寻求事业和生活上更好的发展，经常搬家确实劳民伤财，也不是长久之计，因此，很多人萌生了和房东形成长期租赁关系的想法，有的人希望可以租 5 年，有的人希望租 10 年，甚至有人想租 50 年。

那到底房子的租赁期最长是多久呢？根据《民法典》的规定，租赁合同的租赁期限不得超过 20 年，超过 20 年的，超过部分无效。比如一份房屋租赁合同中约定租赁期是 30 年，则租赁期的前 20 年是有效的，后 10 年是无效的，后 10 年的租约无须再履行。

如果已经签署了超过 20 年的租赁合同该怎么处理呢？双方可以重新修改租赁合同的租赁期限，或者待租赁期限临近届满时，双方续订租赁合同即可。

【律师提醒】

为了保证居住的稳定性和保障自身的合法权益，各位在租房子的时候要对租赁期限进行重点审查，不要超过法定最长期限；租赁期临近届满的，要及时与房东商讨续租的相关事宜。

【关联法条】

《民法典》

第七百零五条

租赁期限不得超过二十年。超过二十年的,超过部分无效。

租赁期限届满,当事人可以续订租赁合同;但是,约定的租赁期限自续订之日起不得超过二十年。

11. Q:签了"连带保证责任"条款是否等于要承担债务人的责任?

A:权利人有权要求连带保证责任人承担债务的全部清偿责任。

笔者不止一次被问到:为什么朋友去外面借钱,我就帮他担保了一下,我一分钱没拿到,债主却要我来还钱?每每接到这样的咨询,笔者就知道,眼前出现的又是一个"连带保证人"。

很多人搞不清楚帮人担保的后果是什么,为什么签了一个"连带保证"条款,自己一分钱没有收到,最后自己却成了还钱的那个人,有些人甚至会因此倾家荡产。

所谓"连带担保责任",看上去很复杂,其实不然。简单来说,这是连带保证人向债权人作出的一个承诺:"债务人一定会还钱,如果债务人不还或者不愿意还,就由连带保证人还。"这无疑就是将债务人的还款义务揽到了自己的身上。

虽然说连带保证人清偿债务之后可以向债务人追偿,但是,这其中会耗费很多时间、精力和金钱,往往得不偿失。

所以大家在为他人作担保的时候，一定要小心，要慎重考虑债务的金额、自己的清偿能力和债务的合法性问题。

【律师提醒】

签署连带保证条款时要慎重，一旦签署，保证人不能也不会因不清楚、不知道、不了解"连带担保责任"的意思而免责。

【关联法条】

《民法典》

第一百七十八条

二人以上依法承担连带责任的，权利人有权请求部分或者全部连带责任人承担责任。

连带责任人的责任份额根据各自责任大小确定；难以确定责任大小的，平均承担责任。实际承担责任超过自己责任份额的连带责任人，有权向其他连带责任人追偿。

连带责任，由法律规定或者当事人约定。

第六百八十六条

保证的方式包括一般保证和连带责任保证。

当事人在保证合同中对保证方式没有约定或者约定不明确的，按照一般保证承担保证责任。

12. Q：定金罚则是什么？

　　A：是一种惩罚违约者的机制。

　　笔者经办过一起案件，案件的原告是一名"富二代"，一口气定制了某意大利豪车品牌的两台进口跑车，合同约定，"富二代"为此需要支付每台跑车100万元的定金，而经销商方如果逾期未交付车辆，则需要双倍返还定金给"富二代"。而后，"富二代"开始了漫长的等待，而豪车经销商以汽车制造商当地工人罢工，汽车生产受阻为由，逾期半年多。"富二代"一催再催，经销商却仍迟迟不交付跑车，无奈，"富二代"将豪车经销商告上法庭，要求双倍返还定金。

　　这起案例中"富二代"要求经销商以双倍返还定金的方式承担违约责任就是典型的定金罚则案例。

　　根据法律规定，收受定金的一方不履行债务或者履行债务不符合约定，致使不能实现合同目的的，应当双倍返还定金。同样，给付定金的一方违约的，无权请求返还定金。这就是定金罚则。

【律师提醒】

　　在此提醒读者，在进行合同约定的时候要注意是"定金"而不是"订金"。而如果合同中既约定了定金罚则又约定违约金，那么只能选择其一来要求违约方的违约责任。

【关联法条】

《民法典》

第五百八十七条

债务人履行债务的,定金应当抵作价款或者收回。给付定金的一方不履行债务或者履行债务不符合约定,致使不能实现合同目的的,无权请求返还定金;收受定金的一方不履行债务或者履行债务不符合约定,致使不能实现合同目的的,应当双倍返还定金。

第五百八十八条

当事人既约定违约金,又约定定金的,一方违约时,对方可以选择适用违约金或者定金条款。

定金不足以弥补一方违约造成的损失的,对方可以请求赔偿超过定金数额的损失。

13. Q:租住很久的房子忽然被房东卖了,租赁合同还有效吗?

A:买卖行为不影响租赁合同的效力。

小美是从外地来一线城市打拼的年轻人,在入职的第一年就很幸运地租到了单位附近一所非常心仪的房子,一直以来,小美和房东的关系非常好,已经连续租住 3 年了。上个月,房东把房子卖给了其他人,并将这一事实告知小美,小美很害怕房东把房子出售的行为影响自己继续租住房屋,于是咨询了笔者。

根据法律规定,已经签署并实际交付租赁物的租赁合同,不会因为租赁物的买卖受到影响。也就是说,根据《民法典》

的相关规定，小美可以一直租用房屋到合同期满，这就是所谓的"买卖不破租赁"规则。如果新业主想以房屋业主已更换这个理由要求小美退租，小美可以用"买卖不破租赁"规则进行抗辩。

当然，如果合同期满，小美还想继续租用房屋，则需要跟房屋的新业主签署新的租赁合同。

【律师提醒】

遇到已经租用多时的房子被房东出售，不用慌。如果想继续租用房屋，可以约房东与房屋的买受人一并沟通，签署确认文书，把租金的押金退还、租金缴纳以及各方延续原租赁合同等事宜确认下来，继续租用房屋即可。

【关联法条】

《民法典》

第七百二十五条

租赁物在承租人按照租赁合同占有期限内发生所有权变动的，不影响租赁合同的效力。

第七百二十六条

出租人出卖租赁房屋的，应当在出卖之前的合理期限内通知承租人，承租人享有以同等条件优先购买的权利；但是，房屋按份共有人行使优先购买权或者出租人将房屋出卖给近亲属的除外。

出租人履行通知义务后，承租人在十五日内未明确表示购买的，视为承租人放弃优先购买权。

14. Q：合同定金最高可以约定多少？

A：定金不得超过合同标的额的百分之二十，超出部分不产生定金效力。

给付定金的一方违约致使合同无法履行的，无权要求返还定金；收受定金的一方违约致使合同无法履行的，应当双倍返还定金。如果定金超出了合同标的额的百分之二十，则超出的部分不能依据上述定金规则进行处分，我们通过案例说明：

小美和小明签订了《货物买卖合同》，约定小美向小明购买衣服500件，总价款是2万元，合同签订之日小美向小明支付定金，两周内小美须向小明结清货款，同时小明向小美完成货物交付。

情形一：双方约定定金为4000元（总价款的20%），现小明已依照合同约定的数量和规格将货物交付给小美，但小美迟迟不结清货款，小明将小美诉至法院。此时，双方约定的定金为总价款的20%，符合法律规定，小明可以以5000元为基数适用定金罚则。

情形二：双方约定定金为1万元（总价款的50%），现小明已依照合同约定的数量和规格将货物交付给小美，但小美迟迟不结清货款，小明将小美诉至法院。此时，双方约定的定金为总价款的50%，超过法律规定，则1万元中有4000元为定金，另外6000元则不是定金而是货款。小明只能以4000元为基数适用定金罚则。

【律师提醒】

定金在合同标的额的20%之内随意约定。

【关联法条】

《民法典》

第五百八十六条

当事人可以约定一方向对方给付定金作为债权的担保。定金合同自实际交付定金时成立。

定金的数额由当事人约定；但是，不得超过主合同标的额的百分之二十，超过部分不产生定金的效力。实际交付的定金数额多于或者少于约定数额的，视为变更约定的定金数额。

15. Q：违约金约定后，可以调整吗？

A：经双方协商一致，可以调整违约金；如果无法达成一致，在诉讼中，法院会根据具体情况调整违约金。

在笔者过往执业生涯中，经常遇到关于违约金的咨询：违约者认为自己虽然违约了，但当时约定的违约金标准过高，自己无法承受，希望可以调低违约金标准；守约方则认为违约金标准过低，自己的损失无法用违约金覆盖，希望调高违约金。

其实合同的条款，在双方协商一致的前提下，是可以变更的。但是很多当事人正是因为无法协商一致，才会走到诉讼这一步。在诉讼中，法院或者仲裁机构是有权根据当事人的请求来调整违约金的，调整的标准主要是违约行为造成的损失。如果违约金过分高于具体损失，则当事人可以请求调低；反之则可以请求调高。

而这里面的损失，在实践中一般理解为直接损失。

【律师提醒】

违约金调高或调低都要以具体损失为参考。

【关联法条】

《民法典》

第五百八十五条

当事人可以约定一方违约时应当根据违约情况向对方支付一定数额的违约金，也可以约定因违约产生的损失赔偿额的计算方法。

约定的违约金低于造成的损失的，人民法院或者仲裁机构可以根据当事人的请求予以增加；约定的违约金过分高于造成的损失的，人民法院或者仲裁机构可以根据当事人的请求予以适当减少。

当事人就迟延履行约定违约金的，违约方支付违约金后，还应当履行债务。

16. Q：可以要求违约方同时支付定金和违约金吗？

A：不可以。

当合同一方出现违约行为，而合同又同时约定了定金和违约金时，守约方可以选择适用其中一种。

有人会问，既然合同中同时约定了定金和违约金，为什么不能同时适用呢？这里涉及的法理在于，定金除了具有担保的性质外，还具有预防违约的功能。也就是说，定金和违约金都增加违约的成本，有相同的预防违约的目的。我国法律对于责任承担的原则是弥补守约方的损失，而不是使守约方获利，因此并不支持同时适用定金罚则和违约金规则。

举个例子，小美和小明签订了《货物买卖合同》，约定小美向小明购买衣服 500 件，总价款是 2 万元，定金为总货款的 20%，违约金是总货款的 30%，两周内小美须向小明结清货款，同时小明向小美完成货物交付。现小明未依照合同履行货物交付的义务，因此小美向法院提起诉讼。此时，小美可以主张要求小明双倍返还定金 8000 元，也可以要求小明支付违约金 6000 元，但不能要求小明既支付双倍定又支付违约金。

如果当事人觉得违约金过低，我国也规定了法院有权参照违约行为导致的具体损失以调高或调低违约金的方式来衡平当事人之间的利益。

【律师提醒】

定金罚则和违约金条款不可以同时适用。

【关联法条】

《民法典》

第五百八十五条

当事人可以约定一方违约时应当根据违约情况向对方支付一定数额的违约金，也可以约定因违约产生的损失赔偿额的计算方法。

约定的违约金低于造成的损失的,人民法院或者仲裁机构可以根据当事人的请求予以增加;约定的违约金过分高于造成的损失的,人民法院或者仲裁机构可以根据当事人的请求予以适当减少。

当事人就迟延履行约定违约金的,违约方支付违约金后,还应当履行债务。

第五百八十八条

当事人既约定违约金,又约定定金的,一方违约时,对方可以选择适用违约金或者定金条款。

定金不足以弥补一方违约造成的损失的,对方可以请求赔偿超过定金数额的损失。

《全国法院民商事审判工作会议纪要》(法〔2019〕254号)

50. 违约金过高标准及举证责任。认定约定违约金是否过高,一般应当以《合同法》第113条规定的损失为基础进行判断,这里的损失包括合同履行后可以获得的利益。除借款合同外的双务合同,作为对价的价款或者报酬给付之债,并非借款合同项下的还款义务,不能以受法律保护的民间借贷利率上限作为判断违约金是否过高的标准,而应当兼顾合同履行情况、当事人过错程度以及预期利益等因素综合确定。主张违约金过高的违约方应当对违约金是否过高承担举证责任。

17. Q：集体土地被征收，土地经营权人可以获得什么补偿？

A：土地承包经营权人可以获得地上附着物和青苗补偿。另有约定的除外。

我国农村土地实行农村土地承包经营制度。农民从本村承包土地后，既可以自己经营，也可以将土地经营权流转给他人经营。

根据《中华人民共和国土地管理法》第四十八条的规定，在征收集体所有土地时，一般会产生土地补偿费、安置补助费以及农村村民住宅、其他地上附着物和青苗等补偿费用，以及被征地农民的社会保障费。其中，土地补偿费、安置补助费是支付给土地所有权人、家庭承包户的，社会保障费则用于被征地农民的社会保险补贴。而其他地上附着物和青苗的补偿，是土地承包经营权人可以争取的部分。如果地上附着物和青苗的所有权人均为土地承包经营权人，在没有相反约定的情况下，土地承包经营权人可以获得该部分补偿款。至于地上附着物和青苗的补偿标准，各地都会根据经济发展水平制定，以当地发布的标准为依据计算即可。

【律师提醒】

集体土地征收时，土地承包经营权人可以获得地上附着物和青苗补偿，另有约定的除外。

【关联法条】

《中华人民共和国土地管理法》

第四十八条

征收土地应当给予公平、合理的补偿,保障被征地农民原有生活水平不降低、长远生计有保障。

征收土地应当依法及时足额支付土地补偿费、安置补助费以及农村村民住宅、其他地上附着物和青苗等的补偿费用,并安排被征地农民的社会保障费用。

征收农用地的土地补偿费、安置补助费标准由省、自治区、直辖市通过制定公布区片综合地价确定。制定区片综合地价应当综合考虑土地原用途、土地资源条件、土地产值、土地区位、土地供求关系、人口以及经济社会发展水平等因素,并至少每三年调整或者重新公布一次。

征收农用地以外的其他土地、地上附着物和青苗等的补偿标准,由省、自治区、直辖市制定。对其中的农村村民住宅,应当按照先补偿后搬迁、居住条件有改善的原则,尊重农村村民意愿,采取重新安排宅基地建房、提供安置房或者货币补偿等方式给予公平、合理的补偿,并对因征收造成的搬迁、临时安置等费用予以补偿,保障农村村民居住的权利和合法的住房财产权益。

县级以上地方人民政府应当将被征地农民纳入相应的养老等社会保障体系。被征地农民的社会保障费用主要用于符合条件的被征地农民的养老保险等社会保险缴费补贴。被征地农民社会保障费用的筹集、管理和使用办法,由省、自治区、直辖市制定。

《最高人民法院关于审理涉及农村土地承包纠纷案件适用法律问题的解释》

第二十二条

承包地被依法征收,承包方请求发包方给付已经收到的地上附着物和青苗的补偿费的,应予支持。

承包方已将土地承包经营权以转包、出租等方式流转给第三人的,除当事人另有约定外,青苗补偿费归实际投入人所有,地上附着物补偿费归附着物所有人所有。

18. Q:只有法定代表人签名的合同有效吗?

A:要分情况处理。

签合同是经济活动中必不可少的一个环节,几乎所有的民事主体都签过合同。那么,在经济活动中,我们要和一个企业签署合同,最后发现,对方企业仅仅是法定代表人签署了名字,企业没有盖章,那这份合同有效吗?

这个时候要分情况处理了。

首先,要区分合同本身的内容,是属于一般的协议还是属于担保协议。

如果法定代表人签署的是一般协议,由于法定代表人是依法代表企业从事民事活动的负责人,所以,即使他超越权限未经公司内部决策,也可以代表企业对外签署合同,除非相对人知道或者应当知道其超越权限外,否则,法定代表人订立的合同对企业是发生效力的。

但如果签署的是担保协议,合同的效力就大有不同了。由于担保行为本身就不是法定代表人所能单独决定的事项，而必须以公司股东会、董事会等机关的决议作为授权的基础和来源。所以，法定代表人未经授权擅自用企业为他人提供担保的，合同有可能无效。

如果跟企业签约，就要擦亮眼睛，不要轻信法定代表人的片面之词。一般协议要求企业盖章，担保协议则需要企业提供股东会或者董事会决议才能对合同效力有所保障。

【律师提醒】

和企业签合同，如果是一般协议，只有法定代表人签名，合同仍然有效；如果是担保协议，只有法定代表人签名，合同可能无效。

【关联法条】

《民法典》

第六十一条

依照法律或者法人章程的规定，代表法人从事民事活动的负责人，为法人的法定代表人。

法定代表人以法人名义从事的民事活动，其法律后果由法人承受。

法人章程或者法人权力机构对法定代表人代表权的限制，不得对抗善意相对人。

第五百零四条

法人的法定代表人或者非法人组织的负责人超越权限订立

的合同，除相对人知道或者应当知道其超越权限外，该代表行为有效，订立的合同对法人或者非法人组织发生效力。

《全国法院民商事审判工作会议纪要》（法〔2019〕254号）

（六）关于公司为他人提供担保

关于公司为他人提供担保的合同效力问题，审判实践中裁判尺度不统一，严重影响了司法公信力，有必要予以规范。对此，应当把握以下几点：

17. 违反《公司法》第16条构成越权代表。为防止法定代表人随意代表公司为他人提供担保给公司造成损失，损害中小股东利益，《公司法》第16条对法定代表人的代表权进行了限制。根据该条规定，担保行为不是法定代表人所能单独决定的事项，而必须以公司股东（大）会、董事会等公司机关的决议作为授权的基础和来源。法定代表人未经授权擅自为他人提供担保的，构成越权代表，人民法院应当根据《合同法》第50条关于法定代表人越权代表的规定，区分订立合同时债权人是否善意分别认定合同效力：债权人善意的，合同有效；反之，合同无效。

19. Q：业主委员会作出的决定，对业主有约束力吗？

A：一般来说，有。

现在很多小区都有业主委员会，而业主委员会作为执行机构，除了执行的是业主大会的决议，还可以基于业主的利益进行决策并执行。

那么业主委员会作出的决议，对业主来说有约束力吗？答案是肯定的。

我们在新闻报道中也曾看到不少小区的业主委员会和业主们出现了很多的矛盾，甚至发生冲突，有些业主认为业主委员会的决定损害了业主的利益；此时，根据上述法律规定，业主是否只能默默接受所有业主委员会的决定呢？不是的。

业主委员会是执行机构，最终是要体现全体业主的集体意愿和利益的，因此，如果业主发现业主委员会的决定损害了业主的利益，依法可以要求撤销该决定。

【律师提醒】

有法定约束力，但若决定损害业主利益的，业主也可以申请撤销该决定。

【关联法条】

《民法典》

第二百八十条

业主大会或者业主委员会的决定，对业主具有法律约束力。

业主大会或者业主委员会作出的决定侵害业主合法权益的，受侵害的业主可以请求人民法院予以撤销。

20. Q：寻找遗失物的悬赏广告真的仅仅是噱头？

A：不是，该给的钱还是要给。

某天早晨，笔者所在的多个微信群都在热烈讨论去城中某岛寻狗，仔细一看，笔者发现原来是有人发了一则悬赏广告，称悬赏20万元人民币，寻找遗失的爱犬。顿时，群里的打工人都丧失了打工魂，纷纷表示要请假去找狗。与此同时，也有人发出不同的声音，称这个仅仅是噱头，即使找到了这只小狗，狗主人也不会真的支付悬赏的20万元。

那么，寻找遗失物的悬赏广告真的仅仅是噱头吗？

所谓"悬赏广告"，是指悬赏人以广告形式声明对完成悬赏广告中规定的特定行为的任何人，给付广告中约定报酬的意思表示行为。

根据《民法典》的相关规定，只要发了悬赏广告，完成特定行为的人就有权要求悬赏人支付承诺的款项。

所以，大家放心地去"寻宝"吧！

【律师提醒】

悬赏人不要抵赖，寻宝人要勇敢主张款项。

【关联法条】

《民法典》

第四百九十九条

悬赏人以公开方式声明对完成特定行为的人支付报酬的，完成该行为的人可以请求其支付。

21. Q：到底持股多少才能对公司具有控制权？

A：不是50%，不是55%，而是66.78%以上。

现代女性的生存方式与以往不同，充满了多种多样的可能，许多女性不安于从事"朝九晚五"的工作，有的甚至投入巨大的资金成本，希望可以开公司、做生意、当上女老板，实现"自己的地盘自己做主"的愿望。

在创业浪潮的队伍中，出现了越来越多的女性身影。时至今日，很多人认为只要持股50%以上，就能对公司具有所谓的"控制权"，就能主导公司的生死存亡，真的是这样吗？其实不然。

人们经常说的"对公司具有控制权"，其实是指对公司重大经营事项（如修改章程、与其他公司合并、解散公司等）持有决定性的表决权。根据法律的相关规定，公司的重大经营事项要形成股东会决议，必须经由持有公司2/3以上股权的股东表决通过。而法律同时也规定了，"以上""以下"含本数，而2/3以上的股权比例就是66.78%或以上。

【律师提醒】

对于公司一般的经营事项，需要经过持有公司1/2以上股权的股东表决通过才能形成决议；对于公司的重大经营事项，需要经过持有公司2/3以上股权的股东表决通过才能形成决议。

因此，若想达到对公司经营"具有控制权"，那么持股比例需要达到66.78%或以上。

【关联法条】

《中华人民共和国公司法》

第四十三条

股东会的议事方式和表决程序，除本法有规定的外，由公司章程规定。

股东会会议作出修改公司章程、增加或者减少注册资本的决议，以及公司合并、分立、解散或者变更公司形式的决议，必须经代表三分之二以上表决权的股东通过。

22. Q：如何判断自己选的医美机构是否合法？

A：上官方网站查询。

医美行业近几年蓬勃发展，现代女性为了追求美，已经不再局限于用护肤品对皮肤进行日常保养，不少女性会选择去做医美项目。有的女性，会选择公立医院内部设置的医疗美容部门，有的女性，则会选择私营的医美机构。

那么，如何判断自己选择的医美机构是否合法呢？

医美机构本质是医疗机构，因此，和公立医院一样，需要取得《医疗机构执业许可证》。如果前往医美机构就诊，可以察看医美机构的接待区域显眼处是否有展示相关的许可证；同时，还可以到"全国医疗机构查询系统"查询医疗机构是否已经依法注册。

医美需求者可通过以下途径核查医美机构是否取得了执业许可证：

(1) 国务院官方网站：www.gov.cn

搜索：首页＞服务＞便民服务＞［卫生健康委］全国医疗机构查

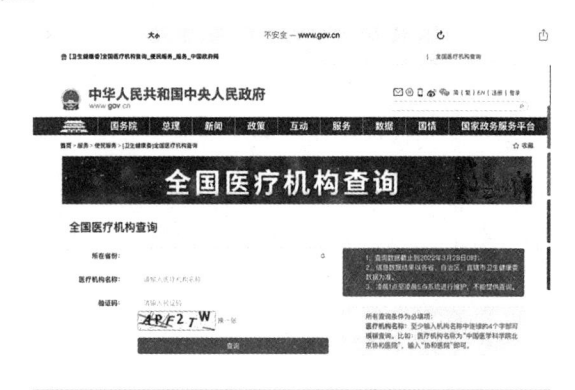

(2) 国家卫生健康委员会官方网站：http：//www.nhc.gov.cn

搜索：首页＞服务＞医院执业登记

【律师提醒】

美丽的前提是健康，如果有医美的需要，应当到经国家注册登记的公立医院或者是经国家注册登记的私营医疗美容机构就诊，切莫因为价格问题或因轻信他人而因小失大。

【关联法条】

《医疗机构管理条例》

第十四条

医疗机构执业,必须进行登记,领取《医疗机构执业许可证》;诊所按照国务院卫生行政部门的规定向所在地的县级人民政府卫生行政部门备案后,可以执业。

第二十三条

任何单位或者个人,未取得《医疗机构执业许可证》或者未经备案,不得开展诊疗活动。

《医疗美容服务管理办法》

第八条

美容医疗机构必须经卫生行政部门登记注册并获得《医疗机构执业许可证》后方可开展执业活动。

23. Q:有借条就一定能赢官司吗?

A:不一定。

现代人之间发生资金借贷往来是最正常不过的事情了,许多人出借款项会要求借款人写借条,以保障后续维权活动的推进。笔者见过各式各样的借条,但无论是何种借条,债权人都希望笔者给予一个肯定的答复:这个官司一定能赢。然而,很多借条并无法达到债权人期望的效果。

很多人有疑惑,打官司不是有借条就行了吗?其实并不一定。笔者也遇到过即使有借条也无法获得法院支持的案例。

那在借款时如何处理借条以及相关证据才对诉讼有帮助呢？法院重点审查的是借款的合法性，那如何体现呢？

首先，借条必须有借款双方的身份证记载的姓名、身份证号码，不可以用昵称、小名、曾用名或者是代号（如果不是亲眼所见，笔者也不敢相信，在21世纪还会有人用昵称签署借条）。

其次，借条上注明的借款用途必须是合法的，不可以用于赌博等违法用途。

再次，借条上记载的款项的出借日期、出借金额、收付款账号要与出借款项的资金流水一致，如果实在需要从他人账户支出资金用于出借的，最好让借款人确认收到从什么人、什么账户转出的款项多少金额。

最后，借条必须是借款人本人现场签署，绝不可代签。

借条虽小，但借条非小事，请各位债权人慎重处理。

【律师提醒】

借条是协助法官辨别借款合法性的重要凭证，因此，不能对借条掉以轻心！

【关联法条】

《最高人民法院关于审理民间借贷案件适用法律若干问题的规定》

第十三条

具有下列情形之一的，人民法院应当认定民间借贷合同无效：

（一）套取金融机构贷款转贷的；

（二）以向其他营利法人借贷、向本单位职工集资，或者以向公众非法吸收存款等方式取得的资金转贷的；

（三）未依法取得放贷资格的出借人，以营利为目的向社会不特定对象提供借款的；

（四）出借人事先知道或者应当知道借款人借款用于违法犯罪活动仍然提供借款的

（五）违反法律、行政法规强制性规定的；

（六）违背公序良俗的。

第十九条

人民法院审理民间借贷纠纷案件时发现有下列情形之一的，应当严格审查借贷发生的原因、时间、地点、款项来源、交付方式、款项流向以及借贷双方的关系、经济状况等事实，综合判断是否属于虚假民事诉讼：

（一）出借人明显不具备出借能力；

（二）出借人起诉所依据的事实和理由明显不符合常理；

（三）出借人不能提交债权凭证或者提交的债权凭证存在伪造的可能；

（四）当事人双方在一定期限内多次参加民间借贷诉讼；

（五）当事人无正当理由拒不到庭参加诉讼，委托代理人对借贷事实陈述不清或者陈述前后矛盾；

（六）当事人双方对借贷事实的发生没有任何争议或者诉辩明显不符合常理；

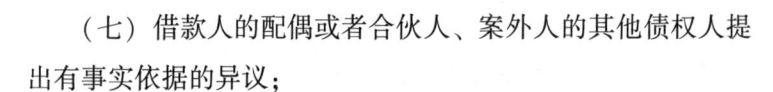

（七）借款人的配偶或者合伙人、案外人的其他债权人提出有事实依据的异议；

（八）当事人在其他纠纷中存在低价转让财产的情形；

（九）当事人不正当放弃权利；

（十）其他可能存在虚假民间借贷诉讼的情形。

诉讼程序篇

法院、仲裁、劳动仲裁,纷繁多样的纠纷解决方式让许多人摸不着头脑,遇到纠纷是否只能找法院?为什么劳动争议案件不能直接找法院?仲裁管不管婚姻家事纠纷?本篇梳理了现代女性产生法律纠纷可能会遇到的纠纷解决方式的程序性问题,让读者摸清门道,及时维护自身的合法权益。

前言 Q：诉讼、仲裁是同一回事吗？

A：不是的。

在现代社会生活，难免会产生民事纠纷。有些人说，纠纷解决要去法院，有些人说纠纷解决要去仲裁。到底仲裁和法院是不是一回事呢？

不是的。法院是国家司法机关，代表国家处理刑事案件、民事案件（包括婚姻家事纠纷、商事纠纷、劳动人事纠纷等）、行政案件。仲裁委员会是我国法律赋予其合法处理争议解决的机构，而仲裁又分为商事仲裁和劳动仲裁，两者适用法律及处理的案件类型都不一样，具体如下：

一、商事仲裁程序

所谓"商事仲裁程序"，它处理的民事纠纷范围涵盖了公民、法人和其他组织之间发生的合同纠纷和其他财产权益纠纷。

简单点说，就是基于经济活动产生的合同纠纷、其他财产权益纠纷，可以商事仲裁。在案件处理过程中适用的是民商事实体法律及仲裁法、民事诉讼法等程序性法律。

那商事仲裁程序不管什么案件呢？根据法律规定，商事仲裁程序不能仲裁婚姻、收养、监护、扶养、继承纠纷或者依法应当由行政机关处理的行政争议。

二、劳动仲裁程序

所谓"劳动仲裁程序"，它处理的是劳动人事争议。

劳动仲裁程序是劳动纠纷进入司法程序的必经程序。简单地说，所有的劳动人事争议都必须经过劳动仲裁程序才能到法院提起诉讼。

劳动仲裁过程中适用的是《中华人民共和国劳动争议仲裁调解法》《中华人民共和国劳动法》《中华人民共和国劳动合同法》等法律。

【律师提醒】

仲裁不能解决所有的民事纠纷，发生民事纠纷应当咨询专业人士，寻找最适合自己的程序来解决纠纷。

【关联法条】

《中华人民共和国仲裁法》

第二条

平等主体的公民、法人和其他组织之间发生的合同纠纷和其他财产权益纠纷，可以仲裁。

第三条

下列纠纷不能仲裁：

（一）婚姻、收养、监护、扶养、继承纠纷；

（二）依法应当由行政机关处理的行政争议。

《中华人民共和国劳动法》

第七十九条

劳动争议发生后，当事人可以向本单位劳动争议调解委员会申请调解；调解不成，当事人一方要求仲裁的，可以向劳动争议仲裁委员会申请仲裁。当事人一方也可以直接向劳动争议仲裁委员会申请仲裁。对仲裁裁决不服的,可以向人民法院提起诉讼。

《最高人民法院劳动争议案件适用法律问题的解释(一)》
第一条
　　劳动者与用人单位之间发生的下列纠纷,属于劳动争议,当事人不服劳动争议仲裁机构作出的裁决,依法提起诉讼的,人民法院应予受理:
　　(一)劳动者与用人单位在履行劳动合同过程中发生的纠纷;
　　(二)劳动者与用人单位之间没有订立书面劳动合同,但已形成劳动关系后发生的纠纷;
　　(三)劳动者与用人单位因劳动关系是否已经解除或者终止,以及应否支付解除或者终止劳动关系经济补偿金发生的纠纷;
　　(四)劳动者与用人单位解除或者终止劳动关系后,请求用人单位返还其收取的劳动合同定金、保证金、抵押金、抵押物发生的纠纷,或者办理劳动者的人事档案、社会保险关系等移转手续发生的纠纷;
　　(五)劳动者以用人单位未为其办理社会保险手续,且社会保险经办机构不能补办导致其无法享受社会保险待遇为由,要求用人单位赔偿损失发生的纠纷;
　　(六)劳动者退休后,与尚未参加社会保险统筹的原用人单位因追索养老金、医疗费、工伤保险待遇和其他社会保险待遇而发生的纠纷；

（七）劳动者因为工伤、职业病，请求用人单位依法给予工伤保险待遇发生的纠纷；

（八）劳动者依据劳动合同法第八十五条规定，要求用人单位支付加付赔偿金发生的纠纷；

（九）因企业自主进行改制发生的纠纷。

第二条

下列纠纷不属于劳动争议：

（一）劳动者请求社会保险经办机构发放社会保险金的纠纷；

（二）劳动者与用人单位因住房制度改革产生的公有住房转让纠纷；

（三）劳动者对劳动能力鉴定委员会的伤残等级鉴定结论或者对职业病诊断鉴定委员会的职业病诊断鉴定结论的异议纠纷；

（四）家庭或者个人与家政服务人员之间的纠纷；

（五）个体工匠与帮工、学徒之间的纠纷；

（六）农村承包经营户与受雇人之间的纠纷。

《劳动人事争议仲裁办案规则》

第一条

为公正及时处理劳动人事争议（以下简称争议），规范仲裁办案程序，根据《中华人民共和国劳动争议调解仲裁法》（以下简称调解仲裁法）以及《中华人民共和国公务员法》

（以下简称公务员法）、《事业单位人事管理条例》、《中国人民解放军文职人员条例》和有关法律、法规、国务院有关规定，制定本规则。

第二条

本规则适用下列争议的仲裁：

（一）企业、个体经济组织、民办非企业单位等组织与劳动者之间，以及机关、事业单位、社会团体与其建立劳动关系的劳动者之间，因确认劳动关系，订立、履行、变更、解除和终止劳动合同，工作时间、休息休假、社会保险、福利、培训以及劳动保护，劳动报酬、工伤医疗费、经济补偿或者赔偿金等发生的争议；

（二）实施公务员法的机关与聘任制公务员之间、参照公务员法管理的机关（单位）与聘任工作人员之间因履行聘任合同发生的争议；

（三）事业单位与其建立人事关系的工作人员之间因终止人事关系以及履行聘用合同发生的争议；

（四）社会团体与其建立人事关系的工作人员之间因终止人事关系以及履行聘用合同发生的争议；

（五）军队文职人员用人单位与聘用制文职人员之间因履行聘用合同发生的争议；

（六）法律、法规规定由劳动人事争议仲裁委员会（以下简称仲裁委员会）处理的其他争议。

一、商事仲裁程序 Q&A

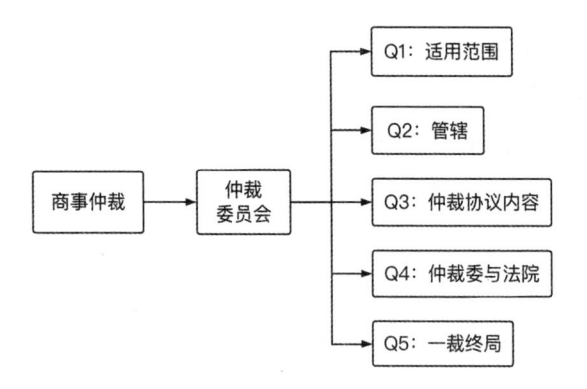

商事仲裁 → 仲裁委员会 →
- Q1：适用范围
- Q2：管辖
- Q3：仲裁协议内容
- Q4：仲裁委与法院
- Q5：一裁终局

1. Q：哪些纠纷可以向商事仲裁委员会申请仲裁？

A：只要是平等主体的公民、法人和其他组织之间发生的合同纠纷和其他财产权益纠纷，并且不属于禁止仲裁类型的纠纷，可以仲裁。

【关联法条】

《中华人民共和国仲裁法》

第二条

平等主体的公民、法人和其他组织之间发生的合同纠纷和其他财产权益纠纷，可以仲裁。

第三条

下列纠纷不能仲裁：

（一）婚姻、收养、监护、扶养、继承纠纷；

（二）依法应当由行政机关处理的行政争议。

2. Q：商事仲裁可以约定哪个仲裁委？

　　A：在当事人自愿的情况下，可以自行协商选择仲裁委员会。

【关联法条】

《中华人民共和国仲裁法》

第四条

当事人采用仲裁方式解决纠纷，应当双方自愿，达成仲裁协议。没有仲裁协议，一方申请仲裁的，仲裁委员会不予受理。

第六条

仲裁委员会应当由当事人协议选定。

仲裁不实行级别管辖和地域管辖。

3. Q：仲裁条款或仲裁协议需要包含哪些内容？

　　A：需要明确表达合同的相关争议须通过仲裁来解决，并且明确选定确定的仲裁委员会。

【关联法条】

《中华人民共和国仲裁法》

第十六条

仲裁协议包括合同中订立的仲裁条款和以其他书面方式在纠纷发生前或者纠纷发生后达成的请求仲裁的协议。

仲裁协议应当具有下列内容：

（一）请求仲裁的意思表示；

（二）仲裁事项；

（三）选定的仲裁委员会。

4. Q： 在合同中约定了仲裁条款，还可以去法院提起诉讼吗？

A： 一般情况下，只要仲裁条款是有效的，就不能去法院提起诉讼。

【关联法条】

《中华人民共和国民事诉讼法》

第一百二十四条

人民法院对下列起诉，分别情形，予以处理：

（二）依照法律规定，双方当事人达成书面仲裁协议申请仲裁、不得向人民法院起诉的，告知原告向仲裁机构申请仲裁；

《最高人民法院关于适用〈中华人民共和国民事诉讼法的解释〉》

第二百一十五条

依照民事诉讼法第一百二十七条第二项的规定，当事人在书面合同中订有仲裁条款，或者在发生纠纷后达成书面仲裁协议，一方向人民法院起诉的，人民法院应当告知原告向仲裁机构申请仲裁，其坚持起诉的，裁定不予受理，但仲裁条款或者仲裁协议不成立、无效、失效、内容不明确无法执行的除外。

第二百一十六条

在人民法院首次开庭前，被告以有书面仲裁协议为由对受理民事案件提出异议的，人民法院应当进行审查。

经审查符合下列情形之一的，人民法院应当裁定驳回起诉：

（一）仲裁机构或者人民法院已经确认仲裁协议有效的；

（二）当事人没有在仲裁庭首次开庭前对仲裁协议的效力提出异议的；

（三）仲裁协议符合仲裁法第十六条规定且不具有仲裁法第十七条规定情形的。

《中华人民共和国仲裁法》

第五条

当事人达成仲裁协议，一方向人民法院起诉的，人民法院不予受理，但仲裁协议无效的除外。

第二十六条

当事人达成仲裁协议，一方向人民法院起诉未声明有仲裁协议，人民法院受理后，另一方在首次开庭前提交仲裁协议的，人民法院应当驳回起诉，但仲裁协议无效的除外；另一方在首次开庭前未对人民法院受理该案提出异议的，视为放弃仲裁协议，人民法院应当继续审理。

5. Q：我可以对仲裁裁决提起上诉吗？

A：不可以。仲裁程序实行一裁终局制度，没有上诉程序，仲裁裁决一经作出即为生效。

【关联法条】

《中华人民共和国仲裁法》

第九条

仲裁实行一裁终局的制度。裁决作出后，当事人就同一纠纷再申请仲裁或者向人民法院起诉的，仲裁委员会或者人民法院不予受理。

裁决被人民法院依法裁定撤销或者不予执行的，当事人就该纠纷可以根据双方重新达成的仲裁协议申请仲裁，也可以向人民法院起诉。

第五十七条

裁决书自作出之日起发生法律效力。

二、劳动人事争议程序 Q&A

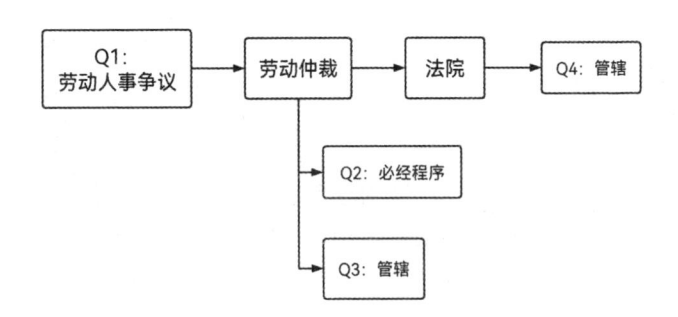

1. Q：劳动人事争议包含了哪些内容？

A：因确认劳动关系，订立、履行、变更、解除和终止劳动合同，除名、辞退和辞职、离职，工作时间、休息休假、社会保险、福利、培训以及劳动保护，劳动报酬、工伤医疗费、经济补偿或者赔偿金等发生的争议，以及法律法规规定的其他争议。

【关联法条】

《中华人民共和国劳动争议调解仲裁法》

第二条

中华人民共和国境内的用人单位与劳动者发生的下列劳动争议，适用本法：

（一）因确认劳动关系发生的争议；

（二）因订立、履行、变更、解除和终止劳动合同发生的争议；

（三）因除名、辞退和辞职、离职发生的争议；

（四）因工作时间、休息休假、社会保险、福利、培训以及劳动保护发生的争议；

（五）因劳动报酬、工伤医疗费、经济补偿或者赔偿金等发生的争议；

（六）法律、法规规定的其他劳动争议。

《最高人民法院关于审理劳动争议案件适用法律问题的解释（一）》

第二条

下列纠纷不属于劳动争议：

（一）劳动者请求社会保险经办机构发放社会保险金的纠纷；

（二）劳动者与用人单位因住房制度改革产生的公有住房转让纠纷；

（三）劳动者对劳动能力鉴定委员会的伤残等级鉴定结论或者对职业病诊断鉴定委员会的职业病诊断鉴定结论的异议纠纷；

（四）家庭或者个人与家政服务人员之间的纠纷；

（五）个体工匠与帮工、学徒之间的纠纷；

（六）农村承包经营户与受雇人之间的纠纷。

2. Q：劳动仲裁是劳动人事争议案件的必经程序吗？

A：是。

【关联法条】

《中华人民共和国劳动法》

第七十九条

劳动争议发生后，当事人可以向本单位劳动争议调解委员会申请调解；调解不成，当事人一方要求仲裁的，可以向劳动争议仲裁委员会申请仲裁。当事人一方也可以直接向劳动争议仲裁委员会申请仲裁。对仲裁裁决不服的，可以向人民法院提起诉讼。

3. Q：劳动人事争议案件应当向哪个劳动仲裁委员会申请劳动仲裁？

A：劳动合同履行地或者用人单位所在地。

【关联法条】
《中华人民共和国劳动争议调解仲裁法》
第二十一条
劳动争议仲裁委员会负责管辖本区域内发生的劳动争议。
劳动争议由劳动合同履行地或者用人单位所在地的劳动争议仲裁委员会管辖。双方当事人分别向劳动合同履行地和用人单位所在地的劳动争议仲裁委员会申请仲裁的，由劳动合同履行地的劳动争议仲裁委员会管辖。

4. Q：劳动人事争议案件应当向哪个法院起诉？

A：用人单位所在地或者劳动合同履行地的基层人民法院。

【关联法条】
《最高人民法院关于审理劳动争议案件适用法律问题的解释（一）》
第三条

劳动争议案件由用人单位所在地或者劳动合同履行地的基层人民法院管辖。

劳动合同履行地不明确的,由用人单位所在地的基层人民法院管辖。

法律另有规定的,依照其规定。